One Man's View of the World

〔新加坡〕李光耀 ◎ 著

李光耀观天下

北京大学出版社
PEKING UNIVERSITY PRESS

著作权合同登记号　图字:01-2014-3055
图书在版编目(CIP)数据

李光耀观天下/(新加坡)李光耀著.—北京:北京大学出版社,2018.2
ISBN 978-7-301-28514-5

Ⅰ.①李…　Ⅱ.①李…　Ⅲ.①国际政治—文集　Ⅳ.①D5-53

中国版本图书馆 CIP 数据核字(2017)第 168428 号

Originally published and distributed in the English language in 2013
by Straits Times Press
1000 Toa Payoh North, News Centre, Singapore 318994
Copyright © Lee Kuan Yew
The moral right of Lee Kuan Yew to be identified as the author of this work has been asserted in accordance with the Copyright Acto 2021 (No. 22 of 2021 of Singapore) .

本书仅代表作者个人观点。

书　　　　名	李光耀观天下
	LI GUANGYAO GUAN TIANXIA
著作责任者	〔新加坡〕李光耀　著
策 划 编 辑	耿协峰　王林冲
责 任 编 辑	张盈盈　董郑芳
标 准 书 号	ISBN 978-7-301-28514-5
出 版 发 行	北京大学出版社
地　　　　址	北京市海淀区成府路 205 号　100871
网　　　　址	http://www.pup.cn
新 浪 微 博	@北京大学出版社　　@未名社科—北大图书
微信公众号	北京大学出版社　　北大出版社社科图书
电 子 邮 箱	编辑部 ss@pup.cn　　总编室 zpup@pup.cn
电　　　　话	邮购部 010-62752015　　发行部 010-62750672
	编辑部 010-62753121
印 刷 者	北京中科印刷有限公司
经 销 者	新华书店
	730 毫米×980 毫米　16 开本　19.5 印张　插页 24　260 千字
	2018 年 2 月第 1 版　　2025 年 5 月第 24 次印刷
定　　　　价	78.00 元（精装）

未经许可，不得以任何方式复制或抄袭本书之部分或全部内容。
版权所有，侵权必究
举报电话：010-62752024　电子邮箱：fd@pup.cn
图书如有印装质量问题，请与出版部联系，电话：010-62756370

他们如何评价这本书

《李光耀观天下》对世界广泛的课题做了独特和坦率的分析，将半个世纪以来其他领袖从李光耀那里获得的精辟见解展现于前。

——美国国务卿（1973—1977年）亨利·基辛格博士

李光耀对东北亚乃至世界深具洞察力又敏锐的分析，再次证明了为何他被视为我们这一代人中卓越超群的资深政治家。在这个瞬息万变、充满无法预见的挑战的世界，李光耀代表的是理智、明晰和希望的坚定声音。

——韩国总统（2008—2013年）李明博

李光耀提出了一个尖锐且具说服力的分析，强调美国与中国之间最终必然重新平衡全球影响力所带来的后果。此外，他还明确地揭示了如果欧洲政治家还是无法采取正确行动，欧洲将难免陷入自我边缘化的境地。凭其远见卓识和政治智慧，《李光耀观天下》对21世纪世界的复杂性提供了最宝贵的指引。

——联邦德国总理（1974—1982年）赫尔穆特·施密特

《李光耀观天下》里的精辟分析源于李光耀多年来作为一位令人尊敬的政治家的经验，以及他在国际事务中所取得的成就。

——日本首相（1982—1987年）中曾根康弘

对于在亚洲乃至世界各地发生的事件，我同许多其他领导人一样，经常听取李光耀明智而且总是坦诚的看法。他不断探索的头脑、敏锐的分析和战略性的视野，使新加坡成为世界上一股独特的力量。《李光耀观天下》这本书蕴藏的智慧和对人性的洞察，将受到未来领导人珍视。

——美国总统（1989—1993年）乔治·H. W. 布什

李光耀睿智的观察和建议折射了他在漫长而精彩的人生岁月中所积累的智慧。他尤其重要的见解是关于中国未来与美国平起平坐时，将如何发挥影响和诠释角色。思绪缜密的读者将能从本书的观点中，更清晰地洞悉未来世界的大致格局，相应地进行规划。

——新西兰总理（1990—1997年）詹姆斯·博尔格

李光耀再次向人们呈现了清晰的思路、流畅的表述、重要思想的深度和常识。一本必读书！

——美国国务卿（1982—1989年）乔治·舒尔茨

具有洞察力、深思熟虑、深刻透彻及富有远见。李光耀对这些国家和新加坡未来的评估和分析，是真正的出类拔萃。对那些需要了解世界现状和未来的人，这将是一本重要的参考书。

——马来西亚财政部长（1984—1991年，1999—2001年）敦达因·再努丁

他们如何评价这本书

这本书在世界局势非常不确定的时候面世。他所详述的大议题,中东、中国、美国和欧洲,无论在今天还是在他或者我的有生之年,都充满着困难和挑战。

——北大西洋公约组织秘书长(1984—1988年)卡林顿爵士

李光耀从不回避问题,而是迎头应对,揭露围绕问题的既定假设,并毫不留情地痛斥不主动解决问题的借口。对于问题,别人会闪烁其词、有所保留,而李光耀则是直言不讳、开门见山。没有其他政治家或评论员能比他更精通于现实政治。

——英国首相撒切尔夫人私人秘书(1983—1990年)
查尔斯·鲍威尔爵士

多年来,我有幸和他对话,并且每次都觉得能增长见闻。即使不认同一两个细节,仔细留意他的看法也会让我获益良多。美国人、中国人乃至各国人民都能从《李光耀观天下》的观点中受益。

——《权力的未来》作者、美国哈佛大学肯尼迪政府学院
卓越服务教授约瑟夫·奈博士

目 录

序 / 1

鸣谢 / 1

一、中国：一个强大的中央 / 2

    一个强大的中央 / 3

    韬光养晦：不露锋芒，保持谦逊 / 16

    新中国：人民、社会、经济 / 36

二、美国：陷入困境但优势仍在 / 52

三、欧洲：衰退与分歧 / 74

四、日本、朝韩和印度 / 100

    日本：走向平庸 / 101

    朝韩：偷天换日 / 113

    印度：受种姓制度羁绊 / 121

五、东南亚 / 132

    马来西亚：分道扬镳 / 133

    印度尼西亚：偏离中央 / 146

    泰国：苏醒的社会底层 / 157

    越南：解不开的社会主义思维枷锁 / 164

　　　　缅甸：将领改变路向 / 169

六　新加坡：处在十字路口 / 174

　　　　政治 / 175

　　　　人口政策 / 186

　　　　经济 / 195

七　中东：春残无夏 / 204

八　全球经济：何去何从？ / 222

九　能源和气候变化：做好最坏的打算 / 242

十　个人生活：选择何时而去 / 254

十一　老朋友的对话 / 270

序

在过去100年,世界经历了难以想象的改变。在上世纪20年代当我还是个孩子时,乘坐牛车从勿洛到爷爷在菜市的橡胶园,两英里的路程需要足足一小时。

更惊人的是今天人们的通信方式。作为上世纪30年代在新加坡的一名学生,我曾经在好多个星期四或星期五,等待从英国航行了五六周才抵达的船只,运来我喜欢阅读的少年期刊。今天,邮寄航空信件仅需几个小时,却没几个人这么做。因为通过手机和互联网以光速发送和接收短信和电子邮件,更为便利快速。

我不可能预见所有这些变化,更遑论预知新加坡会如何改变。

50年后的世界会是怎样的一番景象?无人知晓,只能说变化的速度很可能比过去50年来得快。

假设某些趋势持续,去预测未来15年至20年可能发生什么事会比较实际。即使如此,这还是充满不确定性。

本书是关于我对世界,以及在可预见的未来各股力量相互角力的看法。对眼下的局势及其起因有正确的认识,是了解未来可能如何发展的先决条件。我的观点建立在自己的观察和过去50年参与政事时与形形色色的人接触的基础上。在这期间,我掌管了新加坡的外交政策,并会见了许多对处理当时全球问题有第一手经验的关键人物。

美国和中国是在行动和决策上,最具国际影响力的两个主要国家。但新加坡还是必须尽可能与其他国家建立联系,如欧洲国家、日本、韩国、东南亚国家、印度和中东国家。对于这些国家,我在这本书中写了它们个别所面临的主要问题,以及它们可能会有什么样的未来。

无论世界怎么样,新加坡都得去接受它,因为它实在小得无法改变世界。不过,我们可以尝试最大限度地利用有限的空间,在本区域的"巨树"之间穿梭。这一直是我们的方法。若要继续保持如此,我们就必须保持思路敏捷,懂得随机应变。

就新加坡而言,我们的成功故事取决于三大特性:确保这是个让人们生活与工作的最安全国家、平等对待每一个公民,以及确保每一代新加坡人能持续成功。

如果没有这三个我们多年来确立的基本因素,我们将失去现有的优势。无论是本地还是外国的投资者,他们在新加坡投资时必须满怀信心。这三个因素保证了他们的投资在未来能持续获得回报。如果我们不是以这种方式同世界联系,就会面临与世界脱节的风险。

鸣 谢

要是没有《海峡时报》的编辑团队,包括韩福光、卓名扬、朱莱达、蔡美芬和借调到李光耀公共政策学院的行政官沙希贾古玛的帮助,本书不可能面世。他们提供研究和编辑材料,并对我进行了一系列的采访。本书每个章节都收录了这些采访摘录。

我还要感谢我的特别助理陈康威、新闻秘书杨云英和各个支持机构的员工,他们确保了这本书能顺利及时完成。

谨以此书纪念亡妻

柯玉芝

中国

一个强大的中央

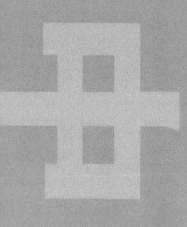

一个强大的中央

中国在未来二十年内会发展成什么样？你想要了解中国，就必须了解中国的人民和社会。

五千年来，中国人一直认为，只要中央政权是强大的，这个国家就安全。如果中央虚弱了，国家就会紊乱。一个强大的中央会带来一个和平繁荣的中国。每个中国人都这样认为，这是他们从根深蒂固的历史教训中吸取的基本原则。在短期内，人们不可能背离这一原则。这种心态比共产主义的历史要长，已存在数个世纪，甚至数千年了。

西方一些人希望看到中国实现西方传统的民主，这是不可能的事。美国人认为，如果不实现一人一票的选举制度，以及每隔数年更换总统和改选议会，就不可能成为一个成功的国家。这是他们对世界先入为主的看法。中国人从来没有这样的传统。中国是一个地域广阔、拥有13亿人口、人民具有不同文化和历史传统的国家。它将会走自己的道路。

2011年秋天，广东省乌坎渔村发生了动乱。开发商与地方官员勾结夺走了农民的土地，然后取走了出售这些土地所获得的利益。最初是在9月份，几百名受到侵害的农民举行了相对小规模的抗议。到12月份，一名参加抗议的村民在被警方拘留期间死亡，势态随之升级为大规模的反抗。数天内，近两万名村民被鼓动参与。他们将官员赶出村子，设立了路障，用简单的武器武装自己。他们要求归还农田。

虽然中国的媒体被令停止播发任何有关的消息，许多中国人还是能通过互联网和国外媒体了解正在发生的情况。最终，广东省委副书记与抗议者会面，化解了此事。当地政府承认村民的要求是合法的，并将部分土地归还给村民，在抗议初期遭逮捕的村民也获得释放。随后村民举行了无记名投票的自由选举。抗议活动的一名主要组织者，获得了压倒性胜利，获选为新村长。那些希望看到中国民主改革的人，把乌坎发生的事看作是轰动的事件。

从报道上看到，在中国其他地方经常有类似的抗议发生。有些人认为，这些事件表明中国的政权正在削弱。然而实际情况是，没有一起事件被允许发展成全国运动。"乌坎事件"已表明了这一点。共产党派了广东省一名省委副书记层次的官员去进行调解，就恢复了秩序。

从"乌坎事件"可以得出两点结论：一是共产党能保持它的掌控地位，在党的支持下恢复秩序。二是共产党可以运用软硬两手控制局势。在态势还没有升级前，它可以派非常强大的国家安全机器制止动乱，将问题控制在萌芽状态。另一方面它支持村民反对腐败的地方官。那种认为共产党彻底腐败的想法是过于简单了。事实上，在整个抗议过程中，乌坎村民一直小心地在横幅上表明，他们支持共产党，反对腐败的地方官。

这已是几千年来中国的抗议者通常采取的策略。他们知道反对中央政权意味着必然灭亡。因此他们宣称忠于中央，同时反对地方官员的罪行。没有人敢于挑战中央，除非他们准备全面出击以掌控整个国家，但这几乎是无法实现的。

政治变革

中国能以一个重要大国的形象再现国际舞台，是我们这个时代最引人注目的事件之一。它的经济取得了不寻常的发展。其增长速度之快在40年前是不可想象的，也是人类历史上前所未有的，而且在今后几十年内还可能继续。到2020年，中国的国内生产总值将名列世界之最。中国人的变化也是显著的，从毫无生气、不求进取变为崇尚多元爱好和充满理想。

在军事方面，中国将大力发展能展现其实力的技术和能力。现在美国人还能来到离中国海岸只有12海里的范围进行观察。最终，中国将能够把美国人推出12海里的范围。接着，它会将目标定在把美国人推出其200海里的专属经济区，并阻止他们在其东部沿海地区200海里的范围内从事间谍活动。

我认为，全球势力均衡正在发生变化。在今后20年至30年内，中国将希望与强国平起平坐。它毕竟不是一个新的强国，而是一个正在复兴的古老强国。我相信，中国的愿望是要成为世界上最强大的国家。

随着全国各地出现的变化，中国的政治也必须变革。任何制度都不可能一成不变。我在有生之年看到的最令人震惊的一件事是，苏联列宁主义制度培养了一位法律系毕业生米哈伊尔·戈尔巴乔夫，他竟然断定，那是一个坏制度，应该改革。我不敢断言，这不会在中国重演。然而，如果你只是在选择领导人的方式上稍作改良，你将会引起下一代人的抱怨："看，这是徒劳的，让我们解放它。"没人敢说这种事不会发生。

但是，即使这种事会发生，也不会出现一人一票的制度。将会出现的是一批领导人被另一批领导人所取代。这是缘于文化和历史的原因，中国人相信，强大的中央政权能带来和平与繁荣。一人一票制度从未在中国存在过，也绝不会带来一个繁荣的中国。他们将不会尝试这种制度。

在不久的将来，不管有多少"乌坎事件"发生，我都不会看到有任何起义会成功。中国人确实有过农民领导造反或起义的传统，但那是在生活难以忍受的情况下发生的。目前普通人民的生活正在不断改善。他们凭什么需要革命？他们知道，一场革命可以把邓小平使中国开放后取得的所有进步都毁了。对年轻的中国人来说，经济前景从来没有比现在更好。生活水平每天都在提高，中国的国家地位正在加强。我不相信，他们会愿意打破现状。被剥夺公民权利的农村劳动力为数并不很多，而且没有被组织起来。他们渴望能加入城市的中产阶层，改善生活。而中产阶层却急于想进入社会的上层。在他们设法进入新阶层并稳固地位后，就有可能要求更多的透明度，要求在国家治理方面有更多的话语权，但是这可能是若干年后的事。总之，目前的制度需要逐渐演变，但还没有到崩溃的边缘。

外界不应低估了中央政府在维持其权力和控制局势方面的意志。掌握情况且超前认知的中央政府密切关注局势，愿意采取先发

一　中国：一个强大的中央

制人的行动。互联网、苹果智能手机、社交媒体等现代科技的出现，毫无疑问给政府的工作增加了难度。因为它同时还允许人们互相交流，小群体可汇集成更大群体。但是，政府对这方面的控制丝毫没有减弱。尽管一些网民想方设法越过中国大防火墙，但总的来说当局采取的措施还是奏效的，对网上活动有严格的控制。监察制度使网民很难进行鼓动和组织，安全部门将制止任何企图钻空子的行为。

考虑到上述情况，在今后10年至20年，我们预计中国的政治改革会是什么样的呢？

他们可能会非常小心地朝着更多参与式的政府发展。一些村子和部分低层次立法机构已实现直接选举，不排除中国会逐步扩大直选范围的可能。但他们将采取试验性的、逐步扩大的方式，避开会带来不可预料的结果的自由选举。只要能维持对局势的全面控制，他们会允许进行一些尝试。归根结底，他们还没有面临要进行大胆改革的强大压力或强烈动机。

中国共产党现在热衷于探索党内民主，第十七次党代会比第十六次要开放多了。在部分党内最高职位的候选名单中，有了更多的选择。过去，最高领导人如毛泽东、邓小平可以确定他们的接班人，但胡锦涛办不到。

党内民主也可以扩大到这个制度的其他方面。可做的一方面是允许经党批准的省市级候选人举行有控制的竞选。先让三四名可靠的人竞选一个重要职位，告诫他们只有赢得民众支持，才有可能被任命。

当然，有些事情是会非常缓慢地改变的，有时变化是很微小的。我认为，他们不会对国家几乎所有方面放弃全面彻底的控制。

腐败、缺乏法制和治理制度可能会继续成为中国体制的特色，这些都是明显的弱点。

腐败在早期是地方性的，但在中国进入市场改革后，由于部长及政府官员的薪水与社会上那些迅速致富的人相比很微薄，腐败现象就快速蔓延。在今天的中国，没有人际关系，什么事也办不成。人们按照对方地位的高低，赠送不同的礼物，以此来发展关系。所有的人都想与职位高的人发展关系。高职位的官员想与更高职位的人建立关系。如果你是我的上司，对我施加过分的压力，我可以设法通过与你的上司拉上关系，这是解决纷争的一种途径。共产党称反腐斗争关系到党的"生死存亡"。

中共能控制腐败吗？党的最高领导人可以试图保持清廉。但他们无法控制地方上的腐败。腐败不会使这个制度垮台，但会阻碍它有效地运转。关系能决定升职或任命，还可以影响政策的执行，也使这个国家不可能得到最理想的发展。

此外，做事不太理会法律或治理制度，是根深蒂固的中国文化。在新加坡，我们已接受必须像西方那样，由立法机构决定法律的措辞，再由独立的法院和法官确定这些字句的含义。国会可以批准任何法律，一旦法律获得通过，如果出现分歧，你不可能回到国会说："这句话是什么意思？"你只能找法官，他会说："根据在已被广泛接受的判例基础上确定的文件诠释规则，我向你进行如下解释。"

中国人还没有接受这一观念。同样地，他们也还没有接受签署协议是不可更改的观念。在他们看来，签署一份协议只是长期友谊的开始。作为朋友，你们必须不时地商量，你们之中谁是否多挣了钱，谁是否需要掏出更多的钱。

这种含糊不清的概念还反映在他们对制度的看法上。在中国，人大于制度。因此，你可以当国家主席，但是如果没有军队的支持，你这个国家主席就大不一样。但在新加坡、英国、欧洲或美国，如果你是总统或总理，军队领导人自动地接受你的命令，因为制度大于人。中国能否像新加坡（暂不提美国）那样确立法律和治理制度呢？这可不是那么容易。这需要政府和人民在思维方式上有一个根本性的改变。鉴于他们在文化和历史中缺乏这些概念，人们不得不发问：到底是什么原因造成了这种现象？

相反地，我看到他们在没有法律和治理制度的前提下制定他们的制度，进行各种可能的组合。由于受到这些方面的限制，中国绝对不可能发挥我所说的最大能量，即进入不断稳步发展的理想状态。

中国将发展其制度和体制，但完全是中国式的。不管他们的改革会发展成怎样，有一点不会改变：他们将维持一个强大的中央政权。

问：中国的经济一直发展非常快，但在政治方面的变化却比较缓慢。

答：我认为，你必须从中国的文化和历史中寻找答案。在中国历史上，一个强大的中央政府意味着一个和平的国家。一个软弱的中央意味着紊乱。在军阀时期就是这样。每个人都可以各行其是。因此，你不太可能看到他们会背离这个原则。

问：一个强大的中央集权的中国是不是中国共产党的代名词？

答：对现在的中国共产党来说，当然是。但是，中国共产党是什么？它已不再是原有字面概念上的共产党了。它是往一个贴着旧标签的旧瓶子里倒入了新酒。

问：但是政治体系仍然照旧。

答：这个政治体系比共产主义更早。中国有个说法：山高皇帝远。我在这里就是皇帝。这种观念已存在上千年了。

问：您是否认为尽管已发生了各种变化，这种现象还将维持一段时间？

答：中央政府现在可以使用直升机、互联网、手机等现代手段，以及迅速部署安全部队进行控制。管控的基本心态没有改变。

问：年轻一代怎么样？当他们掌握信息后，是否在改变现状？草根阶层和城市的农民工面对收入不均，是否有可能造反？

答：没有，我完全看不到任何造反会有成功的可能。在广东乌坎发生过这类冲突，党的副书记去化解了。他们有一个非常强大的公安部。

问：这是不是他们能长期执政的秘密？许多政府曾试图用武力保持对权力的掌控，特别是东欧和苏联。但是他们都失败了。

答：中国不同于东欧。东欧是一部分属于文艺复兴，另一部分属于要求解放、自由思想的国家，那里的每个人都有创造力。中国是中国。如我所说的，每个中国人的基本原则就是：如果中央强大了，国家就安全；如果中央软弱，国家将无宁日。

问：这是否表明我们在中东看到的阿拉伯之春近期不可能在中国发生？

答：是的，我看不到阿拉伯之春与中国有什么关联，这是媒体奇异的创作。当我阅读这些报道时，我说："这些人对中国简直一无所知。"中国人具有悠久的历史，这决定了政府和人民的思维方式。

问：没有从地方腐败中获利的农民是否希望改变这个制度？

答：他们没有被组织起来。他们希望加入城市的中产阶层。他们认为未来不能靠起义，那只能更糟。他们寄希望于加入城市人口。

问：是否有足够的社会流动性给他们带来希望，使他们有一天能实现加入中产阶层的愿望？

答：我认为，中国的社会流动性是存在的。在这个含义上，中国还不是一个高度分化的社会。比如英国，我是比较了解的。每一代都产生一批尖端人物。这些人地位上升，互相通婚，成为上层社会。他们的孩子由于基因和教育机会的因素，也处于上层社会。中国还需要花很长的时间才能达到这种境地。在新加坡，由于迅速发展教育，我们正处于比预想要超前地达到这种境地的危险。人民正在迅速提升。的士司机或小贩的孩子进入了大学，他们互相通婚，然后进入上层社会。这些人的孩子由于基因加上教育的机会，有可能成为上层阶级。每个社会都会发生这种事，但最终会引发很多抱怨。底层的

一 中国：一个强大的中央

人会说："好啊，让我们重新洗牌吧。"这就是共产党革命的缘起。国民党被推翻了。现在共产党的精英已经出现了。但是，我们尚未达到高度分化的社会那种状态。

问：共产党官方理论家现在声称，要先从党内民主开始，然后再扩大。您对这种进程怎么看？

答：他们将允许选举，但必须是在他们同意的候选人中选择。这就是党内民主。

问：下一步会怎样？

答：我不知道。我认为不会有自由竞选。中国从未有过自由竞选。你能想象一个中国人会说"我是吉米·卡特，我是来竞选总统的"？

问：这在台湾发生了。

答：台湾只有2300万人口，是个非常小的地方。

问：因此您认为，中国不会实现一人一票，甚至毫无必要吗？

答：是的，我认为不会实现。我可能会看到村级和省级立法机构选举实行一人一票，但是在最高层、中央领导、党的书记及省长都不会实行。

问： 如果高层出现了分歧怎么办？

答： 领导人都是经过精心挑选的。他们怎么会说让我们抛弃这个制度，让人们来选举，任何人都可以参选并有机会当选？这是违反常规的事。

问： 他们对新加坡的政治制度有兴趣吗？

答： 他们对所有的政治制度都感兴趣，希望从中得到一些主意。但怎么能适应他们的制度呢？

问： 我们实行一人一票制。

答： 我认为，他们不会这样做。你呢？看看他们国家的面积有多大。

问： 他们对新加坡政治制度的哪些方面感兴趣？

答： 他们对我们的基层经常出席接见选民活动、居民委员会、人民协会等感兴趣。换句话说，就是我们了解基层的情况，并着手解决存在的问题。我想他们已下令实施了，至于能否真正实行，那是另一回事了。但他们已下令与基层保持接触，关照他们。但是，当你与开发商勾结，迫使农民放弃农田供开发用途，也不给他们合理的补偿时，又怎么能同我们的制度相提并论呢？

一 中国：一个强大的中央

问：如果国民党仍在大陆执政，是否已实行一人一票制？因为孙中山信奉西方式的民主。

答：不，不，我绝不这样认为。他们在台湾实行这种制度是因为已缩减到一个小地方，而且他们依靠美国维持生存。他们接受一人一票，是因为美国人不会保护他们去实行独裁制度的。

问：但是台湾现在实行民主制度，香港在几年内将实行普选，这对内地的改革是否会产生更多的压力？中国人是否会开始对他们的政府施加压力，要求允许尝试台湾和香港同胞实行的制度？

答：他们可能有这种要求，但是他们怎么给政府施加压力？他们有投票权吗？他们准备通过革命推翻政府吗？我认为执政者是不会放弃权力的。我认为，连中国人自己也不相信13亿人可以通过一人一票选出国家主席。这是行不通的。

问：您为何这样认为？

答：你怎么来游说13亿人？

问：只是作个比较，印度人做到了。

答：但是出自不同的原因，结果并不令人惊叹。

韬光养晦

不露锋芒,保持谦逊

我是2007年11月访问北京时,在人民大会堂第一次见到习近平。 我起先没有提出要见他,我要求见别的人,但他们让我去见他。 这有明显意义,他们认为习近平更有优先地位。 这是他被提升为中国共产党中央政治局常委后,首次会见一位外国领导人。 这显然是为了向世界展示,他已被确定为接班人。

他给我的印象是一个心胸宽广的人,用中国的话说是"大气",与之相反的是"小气",他绝不是胸襟狭隘。 他考虑问题很有深度,不愿炫耀才华。 他没有江泽民那样随和,也不像胡锦涛那样拘谨。 他显得很庄重,这是他给我的第一个印象。 再考虑到他曾受过困苦磨难,1969年他作为一个年轻人被发配到陕西省的农村生活。 他从不抱怨或发牢骚,努力工作,慢慢地证明自己。 因此我将他列为纳尔逊·曼德拉一级的人物。

习是从1949年以来中国第五代领导人的核心。 他领导一个各

一 中国：一个强大的中央

级都能力很强的政府。 这可算作官僚制度的长处。 中国的官员越来越多地接触西方的教育，了解世界，并能说写流利的英文。 从严格的字面意义上说，他们已不再是共产党人了，而是实用主义者，决心要塑造一个富裕发达、拥有先进技术的国家。

前四位最高领导人都留下了各自独特的印记。 毛泽东留下的是不断革命，邓小平是改革开放，江泽民是巩固发展，胡锦涛是和谐社会，特别是减少贫富差距。 习近平将留下什么遗产呢？

自从我在1976年首次访华后，我总会定期去访问，如有可能每年去一次。 从毛到胡，现在是习，我已会见了中国所有的最高级领导人。 毛是一个伟大的人物，他使中国站了起来。 在他的国家经受长达100年的动乱后，1949年他站在天安门上宣布："中国人民站起来了。"作为一个革命者，他是最伟大的。 他是一位游击战大师，以灵活的军事行动打败了国民党，统一了中国。 但他是要让中国实现现代化的人物吗？ 历史记载了一个悲剧，这个解放中国的人通过"文化大革命"几乎毁了这个国家。 如果他还活着，或者他直接的接班人、继承他思想的华国锋继续执政，中国将会走苏联的道路。 我只是在毛的事业末期有机会见到他，不是在他的顶峰时期。 当时一位女士先将他带有湖南口音的话解释给一名通译员听，再由通译员翻译成英语。 我只看到了一位传奇人物的影子。

中国幸亏有了邓小平，扭转了国家发展的方向。 1978年他在访问曼谷和吉隆坡后，来到新加坡。 他希望我们一起阻止越南进攻柬埔寨，如果越南进攻柬埔寨，就挫败它。 我认为那次访问使他开了眼界。 他原本预料将看到三个落后的首都。 因为这三个国家都是穷国。 然而，他看到的三个首都全都超越了当时中国任何一座城市。 他在新加坡访问了大约四天。 当他的专机在机场关闭机舱门时，我对同僚说："那些向他介绍情况的人要倒霉了，因为他看到的新加坡跟他们所介绍的完全不同。"给他介绍情况的一定是来自这里的共产党同情者，那是带偏见的介绍。

他在晚宴上向我祝贺，我问他祝贺什么。 他说："你们有一座美丽的城市，一座花园城市。"我向他表示感谢，但补充道："你们完全可以做得比我们更好，因为我们是中国南方没有土地的农民后代。 你们有学者，有科学家，有专家。 你们将比我们做得更好。"他没有回答我，只是用锐利的目光看着我，随后继续转向另一个话题。 那是在1978年。

1992年邓小平南下广东，敦促领导层继续改革开放。 他说："向世界学习，特别要向新加坡学习，要做得比他们更好。"我对自己说："噢，他没有忘记我对他说的话。"事实上，他们是可以做得比我们更好。

邓在新加坡看到，一个没有天然资源的小岛通过引进外国资本、管理、技术，能够给人民创造美好的生活。 他返回中国后说服人民需要向世界开放经济。 这是中国历史上开始兴旺的时期，是一个重要的转折点。 中国从此再也没有回过头去。

我亲眼看到中国戏剧性的变化。 实体建设已将基础设施很差、破旧的城市，建成具有高速铁路、高速公路和机场的城市。 你可以去访问大连、上海、北京、广东或深圳，它们现在可以与香港或世界上的任何一个城市媲美。 中国人是伟大的建设者和能工巧匠，我弄不明白，为什么他们压抑自己这么久以致损害自己的利益。

邓使中国进入了一个不同的轨道，他的功绩值得称颂。 在他提出开放时，许多老一代领导人表示反对。 但他是一个意志坚强的人。 他不管这些人怎么说，坚持并实现了自己的主张。 没有他，

一　中国：一个强大的中央

不可能发生这么大的转折，因为唯有他经历过长征，在资历上超过所有怀疑者。他虽然身材不高，却是一位伟大的领导人。毋庸置疑，他是我所见过的印象最深的国际领导人。

江泽民是邓小平选拔的接班人。1989年时，他担任上海市委书记，平息了上海的骚乱。他是将邓倡导的现代化计划视为其目标的一位坚定的领导。他给我的印象是热情、友好。他会大声唱意大利歌曲《我的太阳》，他抓住我的手臂说："你认为美国人对我们是怎么看的？"这当然是在他们与美国人建立良好关系之前。他们现在不需要问我了。

我认为胡锦涛是一位整合者。在他执政期间，中国也许做了一两项根本性的改变。但是，面临农村人口往城市迁移、收入差距扩大等多项挑战，他需要进行整合的问题很多。他给我的印象是沉着、思考缜密。他不张扬，记忆力很强，对面临的所有事物都进行仔细的研究。他在掌权中央后不久，在处理SARS危机时最初出现了失误。但是，当他发现这对经济构成了严重的威胁时，他就全力以赴处理这个问题，包括从未有过地撤掉了卫生部部长和北京市市长的职务。这显示了胡锦涛和总理温家宝坚毅的领导。毕竟胡能成为中央核心的其中一个原因，是他曾平息了西藏的叛乱。我认为，在他温和、慈祥的外表下有坚强的个性。

现在很难预言习近平在掌政的10年中，会采取什么样的政策，会留下什么样的遗产。中国领导人在上台前绝不会宣布他今后的计划，他们情愿保持低调。中国正处在面临许多国内挑战的关键阶段，他希望集中精力处理这些问题。此外，许多方面还取决于他突然遇到的外部突发事件。当你面临未预料到的严峻问题时，再好的计划也会失败。然而，我相信他会沉着应对，不会惊慌失措。他是有影响力的,我相信他会得到党的支持。 他的军方背景也有利于他对军队发挥影响力。

他的外交政策将受到密切关注,中国的崛起无论在西方还是亚洲都引起了许多国家的惊恐。 一个强大的中国给国际社会带来许多益处,如中国企业在海外的投资正在不断增加。 但是,中国的邻国开始对这位已睡醒的巨人采取更为独断的外交政策予以关注。 美国也正在感受到,如果不是在全球,肯定也是在亚太地区,其优越地位受到了强烈挑战。

问题的关键在于是否相信中国再三的承诺,即它只寻求和平崛起,绝不称霸。 对此存在两种观点:一是中国会悄悄地成为强国,悄悄地扩大其影响,不会盛气凌人;另一种看法是他们会炫耀实力,对所有的人进行恫吓。 我认为,他们将选择前者,但同时增强实力。 邓小平认为,中国在逐步强大时应当保持低姿态。 他主张不露锋芒,保持谦逊,即中国人所说的"韬光养晦"。 中国人懂得,他们还需要30年至40年和平时期才能赶上世界强国。 他们已得出结论,如果他们坚持发展方向,避免惹怒现有大国,与所有的人交朋友,只会变得越来越强大。 这将给他们留出空间,去处理国内问题,继续发展经济。

他们还注意到,必须避免重蹈日本和德国曾走过的老路。 当时德国和日本的兴起导致它们各自在欧亚争夺权力、影响力和资源。这场竞争引发了20世纪两场可怕的战争,最终导致这两个国家的崛起终止。 如果中国卷入一场战争,将面临内扰、冲突和动乱的危险,可能再次陷入长期沉沦。 因此,对中国人来说,理智的考虑是:"我们已经用了这么长时间等待这个能赶上发达国家的机会。为什么要匆忙做出不利于逐步崛起的事呢?"

一 中国：一个强大的中央

这当然并不意味着中国每次与别国发生争端时都只是让步。随着力量对比的变化，中国将有更多表达喜恶的自由。如前外长杨洁篪所说，凡是关系到中国的核心利益，中国必须坚持自己的主张。中国在亚洲最密切的邻居都已体会到这一点。在2008年，越南把在南中国海有争议的海域石油开采权授予美国石油天然气公司埃克森美孚公司。中国海军要该公司离开那里。中国政府也表明，如果这笔交易还要继续，将危及埃克森美孚公司在中国的生意。由于美国海军不在那里，不能帮助他们坚持自己的权利，该公司只得撤出。

最近，就在2010年，还发生日本扣押了一名中国渔船船长的事件。他的拖网渔船在有争议的东海小岛（中国称"钓鱼岛"）外与日本巡逻艇相撞，日本起初要按日本法律起诉那名船长，但最终屈从于中国强大的压力，决定予以释放。这个事件表明，力量对比格局已发生了多大变化。日本人现在面对的是一个面积相当于它二十五倍的中国，而不是在第二次世界大战中他们可以侵略、几乎要占领的中国。日本方面的屈从只是接受了现实。他们明白，他们是在跟一个有组织、纪律严明的中国打交道，不是跟军阀，而是跟一个可以果断地采取行动的中央政府打交道。

因此，这些年来，你可以非常清楚地看到中国人不再消极，他们在积极地维护自己的声索权利，并将继续这样做。中国人知道，在这个地区他们是老大，随着其国力增强，中国可以期待邻国能更加尊重他们的利益。美国人在亚太地区保持显著的力量，以平衡中国，这符合包括东盟各国在内的亚洲国家的利益，如果没有美国的制衡，亚洲小国就没有回旋的余地。当你有两棵树，而不是一棵树时，你可以选择在任何一棵树下遮阳。对美国来说，留在太平洋也是重要的，因为如果美国在这里失去了优势，在世界其他地区的优势也会失去。

中美之间为争夺这个地区主导地位的竞争早已在进行，还将继续到21世纪的后期。 到那时，美中关系将成为世界上最重要的双边关系。 这不同于冷战时期的美苏关系。"9·11"事件后的几年里，美国陷于伊拉克和阿富汗战争，中国能够悄悄地加强它在这个地区的利益，与东盟加深关系，签署了自由贸易协定。 当中国前总理朱镕基在10年前建议成立中国-东盟自由贸易区时，东盟国家政府都感到吃惊，因为我们以为，中国不愿意通过双边和地区自由贸易协定将其经济进一步开放。 这是中国方面为了与东盟发展强大的经济关系而采取的一项战略行动，从而使东盟把中国的发展看作是机会，而不是威胁。 当时，我对美国贸易代表说，在今后10年至20年内，如果没有美国-东盟自由贸易协定，东盟的经济将会越来越与中国的市场连接在一起，美国将成为我们的第二市场。

在军事方面，美国仍然远远领先。 中国的国防预算虽然每年都以两位数增长，但美国的国防预算仍超过中国，呈6比1。 这表现在美国较优越的军事技术方面。 中国希望最终将成为如同美国那样的军事强国，这需要几十年的时间。

但是，中国人正在尽一切努力追赶。 他们正在高端科技方面与美国竞赛，如将人送入太空，发展美国无法击落或拒绝承认的全球定位系统。 他们明白如果依赖美国的全球定位系统，美国将比他们技高一筹。 当中国显示能在太空中将自己的卫星击落，并能拦截自己的弹道导弹时，他们向美国发出了一个信号："你吓不倒我，我可以击落你在太平洋上空的导弹。"我们谈的是如同一根针追逐正在飞越太空的另一根针，这可不是弓与箭那样简单的机械活动，这是他们能力的一次非常重大的展示。

我认为，中国迟早会阻止美国在其东部沿海地区的间谍活动。目前，美国能够来到离中国海岸近达12海里的海域观察。反过来思考，如果中国的海军、空军，包括其航空母舰如此靠近美国海岸，美国人将会无法忍受，他们绝不允许。因此，你可以想象中国人的感受。为了将美国人进一步驱离他们的海岸，他们必须改进远程导弹需要的技术。当你具备了这种技术，隐含威胁显示如果有人靠得很近，你就可以发射导弹，将其航母击沉，或将其飞机击落。目前，中国还做不到。当他们能做到时，飞机将要远离射程之外，美国人不会想碰运气冒险。中国人会说："这是我的经济区，走开。我不会到你的太平洋海岸，谁给你到这里来的权利？"美国人会说不吗？最终，强权即公理。

因此，在20年至30年内，双方的力量最终会对等，实现平衡。第一次平衡，中国将把美国人赶出12海里的界限，第二次平衡将把他们赶出中国200海里的专属经济区。一旦中国人能做到这样，中国就成为这个地区最有影响力的国家了。

一些学者根据历史先例预言，当一个大国崛起时，现有的超级大国会视为对其优势的威胁，两者之间的军事冲突即使不是说无可避免的，也极有可能发生。就中美而言，我并不赞同他们的看法，这不符合两国的愿望，它们都不想在战场上对抗。两国都有核武库，双方都明白会引发巨大灾难性的后果。再进一步说，不同于美苏间的关系，美国与热衷于信奉市场经济的中国之间的关系，目前不存在激烈的不可调和的意识形态冲突。中国需要与美国保持友好关系，确保继续获得其市场、投资、技术，以及获准进入其大学。美国更没有必要与中国长期为敌。

美中两国间会出现的最大危机是在台湾问题上。但是我认为，美国不会为了维护台湾的"独立"与中国交战，这得不偿失。你可以交战并赢得第一回合，但美国人是否准备打仗、打仗、再打仗？在台湾问题上，美国是否最终准备付出中国愿意付出的代价？请记住，没有一位中国领导人，如果台湾在他执政期间失去，会继续掌权。因此，对中国人来说，这是一个非常严肃的课题。即使中国在第一轮打输了，也会返回来打第二轮、第三轮、第四轮，不断地打，直至胜利，这对美国来说不值得。台湾方面即使现在还不明白，以后也会明白的。马英九的口号"不统、不独、不武"，即不实现统一，不搞独立，不使用武力。这表明他已多半意识到这一点。关键的说法是不搞独立，因为毫无疑问，台湾一旦宣布"独立"，中国就会以武力收复这个岛屿。

台湾与大陆的重新统一是时间的问题，这是任何国家无法阻挡的。事实上，台湾的国际命运早在1943年的开罗会议上就被确定了。当时富兰克林·罗斯福、温斯顿·丘吉尔和大元帅蒋介石就台湾回归中国达成了协议。当李登辉当"总统"时，他发起台湾化进程，强调该岛脱离中国。但是这不会改变最终统一的结果，这样做只能使台湾人在重新统一的实际发生时更加痛苦。经济将会解决这个问题，逐步和不可阻挡的经济整合将把这两个社会连接在一起。中国将认识到没有使用武力的必要。双方的经济关系在马英九上台后一直在发展，在今后四年内还将继续发展。在国民党统治八年后，假设民进党上台，要改变政策，台湾的农场主和工业家将会感到痛苦，民进党就会在下届或再下届选举中落选。两岸不断发展的互相依赖关系将会使台湾无法实现"独立"。

一 中国：一个强大的中央

问：您对中国发展之快是否感到吃惊？您在 1976 年对中国第一次访问时，是否已预见到这些变化？

答：没有，也不可能。当时我不知道毛还能延续多长时间。邓小平是在 1978 年到新加坡来的。他回去后改变了政策，实行开放，引进投资，这使中国向世界开放，中国领导人还到国外访问。但现在他们有苹果手机，虽然一些网站被关闭。事实上，当四川发生地震时，是一个有苹果手机的人发布了这个消息。如果没有苹果手机，这得由中央政府决定何时宣布。因此，科技已改变了他们的工作方式，也改变了政府处理新情况的方式。

问：您第一次会见习近平是在 2007 年。您对他的印象如何？

答：我认为，他是一位非常能干的领导人。他经受过磨难，内心坚强。他的父亲被下放，他也是，被下放到农村。他默默地努力工作，在福建省获得提拔。随后，上海市委书记被发现腐败，他们将习近平从福建调到上海。他在上海获得认可，上调北京。因此，他是幸运的，但也显示他具有能经受考验的毅力。

问：习近平担任最高领导时正值中国处于过去两个多世纪来最强盛时期。他会更加独断吗？

答：我认为，这并不会使他感到得意扬扬，而到处耀武扬威。

他是一个能缜密思考的人，懂得这不符合中国的利益。因此我对他的印象是，他将继续邓小平的不露锋芒、保持谦逊的原则，即韬光养晦。

问：习近平等新领导人在哪些方面与您在七八十年代见到的领导人不同？除了人格上的不同，是否还有能反映出中国已发生变化的差别？

答：他们现在面临完全不同的问题。过去是极端贫困和缺乏基础建设，现在他们在沿海地区的城市几乎已经提升到香港的水平，但是那里只占总人口的不到50%。我认为，约50%至55%的人口仍在农村落后地区。

问：他们在思维上不再那么僵硬吗？您在回忆录中写道，早期的中国官员照稿念，回答问题很生硬。

答：不，不，他们已经开放了。那时候中央控制得很严，任何人想表达自己的想法可能会讲错话，而给自己惹麻烦。现在他们可以非常自由地与你交谈。

问：我确信您在会见中国领导人时，他们注意听取您就不同课题表达的观点。您观察今天的中国领导人，他们最关注的是什么？他们想从您这里听到什么？将他们与上几代领导人作个比较，您怎么看？

一 中国：一个强大的中央

答：我对习近平说，再过几年他不用来新加坡向我们学习。我们将去中国向他们学习。他当然不同意。他说，不，不，他对我们的制度感兴趣。他的意思是，他们没有英国制度给我们提供的那种结构。我们建立的机构能支撑一个领导人，一个脆弱的领导人，而不至于垮台。当然这种状况不是长期的。

问：他们也很注意听取您对这个地区及美国的看法吗？

答：不是的。由于他们正直接与美国打交道，已不再需要听取我对美国的观点了。对他们有价值的是我们对这个地区的看法，他们对这个地区不了解。他们也希望我们能发挥作用，使这个地区对中国崛起不再害怕。

问：您是否关注他们的反应？假如他们真的在这些年内增强了实力，最终您不得不和一个更难应对、更加独断及更具优势的中国打交道。

答：你必须接受他们在这个地区是老大的事实。他们在太平洋地区不是最大的，因为美国总会在那里制衡他们。但是他们会逐步让美国离开沿海地区。那是我们不得不接受的变化。

问：这将会使新加坡这样的小国更加不安吗？

答：新加坡不会比别的国家更担心。这是迟早会发生的事，也许要5年、20年或30年。但中国会成为太平洋西岸占据优势的国家。

问：这是新加坡将要经历的一个非常复杂的未来。

答：不，不一定。对越南来说更为复杂。我们与中国没有利益冲突。越南已对有望发现天然气和石油的海域提出声索。我们与中国没有这类的相互声索。

问：奥巴马总统正对这个地区作出新的承诺，被称为"奥巴马的太平洋轴心"。我们看到希拉里·克林顿在一艘航母前演讲。这确实是美国在这个地区的长期承诺吗？

答：不，不，不，不存在长期承诺这样的事。这只是一种愿望的表达。他希望能持久，但并不意味着将无限期延续，因为势力格局会变化。美国位于远离这里八九千英里的太平洋的另一侧。跨越这么长距离，利用日本作为基地来发挥影响力，可不比你越过自己的海域和专属经济区，在你所在的地区发挥影响力那么容易。

问：因此，中国打算耐心等待事态的发展。

答：是的，当然是。

一 中国：一个强大的中央

问：美国凭什么来发挥它的影响力？

答：一是美国的经济实力、它花多少在国防开支以及太平洋被它列入多重要的地位上。二是中国增强其实力的速度。

问：因此，根据您对这两点的评估……

答：我认为，双方的力量对比在20年至30年内将持平。

问：在20年至30年内，双方力量持平后又会怎样？

答：我们自己必须作出调整，你得开始适应他们。他们将是太平洋这一侧在面积和实力上可以超过美国、离我们最近的邻国。美国必须越过数千英里发挥其影响力，而中国仅需数百英里。美国因素将始终存在，不会消失。美国不会放弃在太平洋这部分地区的影响。它与日本、韩国、越南和菲律宾结盟。因此局势将逐步发生不可避免的改变，但还不至于将美国赶出这个地区。

问：观察这两三年来的南中国海争端，您可以从中了解中国将会如何应对吗？

答：那里涉及它的核心利益。中国人根据一些文件的画线认为，这是他们的领土，中国对这些沙洲和小岛拥有主权。

他们期待下面有石油、天然气。我认为,他们在这个问题上会采取非常强硬的路线。最终这个问题会根据联合国海洋法得以妥善处理,因为这是唯一不需要任何一方退让的方法。因此,每个岛屿、每个小沙洲都将依据离哪一方距离最近来决定声索权。但是他们已表示要通过双边谈判,而不是将东盟作为一方来集体谈判解决。

问:那是东盟的希望,以集体解决。

答:东盟希望在南中国海各方行为宣言的框架下,通过早日达成南中国海行为守则,集体应对紧张态势。

问:但东盟的设想会实现吗?最终是双边还是集体解决?

答:我想是双边。我认为,印度尼西亚或马来西亚或新加坡都不会带领东盟卷入这场争端。何必呢?

问:美国人呢?

答:美国人早已卷入了,但只是在外交上。他们是否会在军事上卷入,那完全是另一个问题。我对此存疑。对他们来说,没有兴趣到这么远的地方来发挥影响力。他们为何要为了越南和菲律宾的利益与中国交战?

问:今后美国政府如果有一个更加鹰派的总统,是否有可能

一 中国：一个强大的中央

断定，他们宜早不宜迟地摊牌？

答：不会的。可能会有一个鹰派的总统，但是军方司令官会告诉他，在多大程度上他可以维护自己的权利或权力，如果他确定要伸张自己的势力，将要付出多大的代价，将要为更多的国防开支投入多少资金。

问：在美中之间，另一个可能产生问题的爆发点是台湾。目前情况进展很好，经济整合和旅游增加了。这种相互关联导致台湾和大陆靠得更紧密。然而，统一的最终时间表似乎已被推迟到不太明确的将来。

答：中国人并不在乎。他们可以无休止地等待，他们有的是时间。与此同时，台湾为了经济发展，与大陆的互相依存越来越强。这种情况延续的时间越长，一旦台湾当局要改变或逆转政策，它的痛苦也就越深。

问：但在台湾当地的调查显示，支持"独立"的人比要统一的人更多。

答：(这种民调) 是毫无意义的。如果你是一名台湾居民，你是希望"独立"，还是保持现状，或者成为中国的一部分？台湾的未来能按你的想法确定吗？南部的台湾居民绝对不希望与中国大陆融合，他们将始终是这样。但是他们的观点能得到大家的赞同吗？台湾的前途不是根据台湾人民的意愿确定的,而是由台湾与大陆力量对比的现实,以及美国是否打算进行干预来确定的。这不是以民意调查来决定的,如通过了就要实现统一,大多数反对就否决。

问:金正日去世使亚洲的地缘政治局势发生任何变化了吗?

答:没有,我认为没有。中国不愿意让朝鲜被韩国吞并,这将会使韩国和美国的军队逼近鸭绿江。中国人认为,这不符合他们的国家利益,他们将尽力维持现状。

问:中国对朝鲜还有多少影响?

答:朝鲜能够生存,很大程度上依赖中国。他们处理经济的方式时而造成朝鲜人几乎处于饥饿状态,中国向他们提供了食品和救助。

问:您认为这种状况会延续二三十年吗?是否存在朝鲜发生内乱的危险?

答:不,我不这样认为。为什么内乱?当它一度几乎处于饥饿时,中国提供了粮食,世界也提供了援助。

问:如果鼓励朝鲜如同邓小平在中国做的那样开放经济,这符合中国的利益吗?

答：他们曾安排金正日去上海等地，向他展示不用失去控制也可以改善经济，但是什么效果都没有。有一种推测，在新的领导下，朝鲜政权可能实行经济改革。年轻的金正恩是否有足够的勇气走这条路，现在下结论还为时过早。

问：您曾说过，美国最终将与中国在亚太地区分享优势地位。如果发生这样的事，对新加坡这样的国家意味着什么？

答：我们不得不对中国和美国的想法多加关注，或者对中国的关注更甚于对美国。日本和韩国早已在中国进行广泛而深入的投资，同时又同美国保持安全关系。这种情况能延续多久？当你越来越多地参与在中国的投资，鉴于中国可以控制你的企业，强行下达命令，你与美国的安全关系怎么能阻止中国使用经济力量呢？

问：与美国人打交道同与中国人打交道是非常不同的。由于美国在这里是主导力量，我们不得不与美国交往。

答：我们发现，美国人多少还比较仁慈，他们不会逼迫你。他们确实希望大家都成为民主国家，但他们绝对不会迫使你接受。中国人不在乎你实行民主还是专制，他们只是希望你顺应他们的要求。这是完全不同的方式。他们不相信自己的政府模式能给你带来福音，让你接受。他们是从不同的角度考虑他们所能发挥的作用。

问：我们有一天会给中国海军提供一个后勤中心或其他形式的基地吗？

答：我不能这么说。这在我有生之年不会发生。我认为，第一步将是为这两国的海军提供后勤中心，而不是只为一国。千万不要在它们之间做选择。

问：您认为新加坡不在它们之间做选择的立场能保持多久？

答：我不好说。这取决于美国的经济情况和它们发挥影响力的能力等。

问：您与美国人打交道，已经与亨利·基辛格等人建立了某种良好的个人关系。在与中国人交往时，新加坡的部长们能与中国领导人建立如同您已享有的那么良好的个人关系吗？

答：就目前来说，我们已经建立了良好的个人关系，因为他们想从我们这里获取想法。但是，一旦他们处于领先地位，就不再需要我们了，关系也会变化。然而我认为，因为在苏州工业园区等方面获得了我们的帮助，他们仍留存某种人情待还的感觉。我们留下了良好的信誉。

问：1976年你访问北京时见到了华国锋总理，他想给您一本有关中印战争的书。该书呈现的是中国单方面的观点，您不顾冒犯他们的风险，拒绝接受。您解释说，书中有些敏感之处，新加坡居住着一些印度人，他们有不同的看法。毫无疑问，您再遇到这种情况，还是会这样做的。但是中国现在强大多了。如果新加坡一名年轻的部长遇到这种事，您也会建议他拒绝接受那本书吗？

答：我不知道他会不会接受，这取决于他的性格。但即使他接受了，我想，他也不会非常信服地读那本书。那是单方面的看法。我们已从多种渠道获得了各种不同的观点。

问：但是中国现在强大多了，年轻的部长能有勇气敢于冒犯中国人吗？

答：假如你接受了那本书，就会改变你的想法吗？就我而言，我已看了这本书的不少部分，我告诉他："这不会使我改变看法。"但是，他面临的中国已不同了。年轻的部长需要确定如何处理好他们与中国人的相互关系。如果你使他们产生反感，下次他们就不会再让你去了。

新中国
人民、社会、经济

1989年秋天,中国前副总理钱其琛的儿子钱宁获奖学金到密歇根大学深造。他当时三十来岁,赴美前曾在人民日报社工作。几年后,他写了一本书《留学美国》,中国允许这本书出版。他具有无懈可击的共产党家庭背景,但是他的作品具有相当大的颠覆性。

在密歇根州安阿伯市,他意识到生活的内容不应该只是在北京温室里的自我批评和政治运动,还应当包括聚会、烧烤野餐和真挚的友谊。他在其中一段中写道,那些到美国陪读的妻子回国时已不再是原来的中国妇女了。她们看到可以有不同的生活方式。他隐晦地表示,他已对中国社会能容忍的事情改变了看法。这就是有多种渠道与外部世界相互影响的新中国。

中国的开放正在缓慢而又确实地改变中国社会的面貌。1976年我第一次访华时,中国是一个非常封闭、僵硬的社会。街上的普通中国人穿着蓝色或黑色服装,看上去几乎一个样。那天虽然不是学校的假日，但他们带了一大群学童来欢迎我。孩子们唱着："欢迎，欢迎！热烈欢迎！"我在想："他们应当在学校读书，不应该浪费他们的时间，从学校来到机场，再回到学校，耽误了一整天的学校课业。"这个制度确实有些死板。他们迎接客人时，试图让人对他们显示的热情友好有好感，同时还要对欢迎的人数、规模以及他们做事的整齐划一留下印象。我想，那已是过去的事了。他们已明白这样做并没有给客人留下任何印象。此外，蓝与黑的制服也没有了，现在你在街上可以看到五彩缤纷的服饰。西方奢侈品牌发现，中国是一个可以赚钱的市场。2009年，中国超越美国成为世界第二大奢侈品市场，仅次于日本。由于送礼文化，高档手表和皮革制品在特殊需求之列。奔驰和宝马汽车虽然在许多发达国家的订单滞销，但在过去两年里，在中国的销售量翻了一倍还多。中国的中产阶级正在追求美容、昂贵的服装和舒适的生活。他们已认定，简朴的生活方式不可能创造一个幸福的社会。

如同钱宁，今天中国的年轻人生活在一个地球村。人们到处旅行，中国人去美国和欧洲，美国人、欧洲人到中国。即使他们没有机会到密歇根读书，也可以通过互联网、外国电影、书刊获得了解世界的窗口，他们的前辈在几十年前对这些只能是梦想。他们的眼界已开阔了，他们对自己和中国在世界上的地位的看法将会改变。在中国开放后出生和成长起来的新的一代，有一天将掌管他们的国家。他们不会有中国过去多难历史记忆的负担。他们是从每天的经历中，而不是从历史书本上了解中国的。中国现在比鸦片战争以来的任何时期都要强盛，而且一天天地更加强盛。

这对明天的中国意味着什么？我们在30年内会看到一个更为独断、更加民族主义的中国吗？有可能。我在这个新中国的第一阶段，看到不断滋长的民族主义，这是因为中国人感到他们有实力了。 但是，当他们开始意识到能做的还是有限时，就会停下来进行反思。 由于他们已认识到，展示实力并不能使美国人离开这个地区，因此他们将适度地展示力量。 他们将会意识到，他们对比他们小的邻国越施加压力，这些国家就越会向美国靠拢。 为了保险起见，这些小国为美国的航母来访提供便利。

几年前，一位七十来岁的中国领导人问我："你相信我们和平崛起的立场吗？"我回答："我相信，但需要说明一下。 你们这一代经历了抗日战争、内战、'大跃进'、'文化大革命'、'四人帮'和现在的开放政策。 你们明白存在许多隐患，要使中国不断上升，不发生灾祸，你们需要国内稳定，对外和平。 但是，你们正在反复向年轻人灌输，在一个复兴的中国所享有的巨大自豪感和爱国主义。 由于灌输了这么多，因此当他们向日本示威时，转向暴力。 我的儿子李显龙担任总理时在 2004 年访问台湾，在中国互联网的聊天室，网友把他和新加坡说成是忘恩负义和叛徒。 情况因此很容易发生变化。"这位中国领导人表示，将确保他们的年轻人能够理解。

我希望他们会这样做。 一代人成长到一定时候，会以为他们已经是成人了，实际上还没有。 那将是糟糕的事，会破坏这个地区的稳定。 事实上，仅仅应对中国的崛起，足以消耗他们所有的智慧和激情。

随着时间的流逝，我毫不怀疑中国将能够提升价值链，在最先进的技术和制造业方面与发达国家竞争。 目前他们试图在航天和军事科技等高端领域追上美国。 他们致力于提升在国际范围内的战略基本力量。 接着，他们会在消费产品方面逐步追上，但是，目前消费产品还处于品质最低端。 你可以变得富裕，但是如果你的全球定位系统、火箭等依赖于美国，你会被挫败。航天研究、全球定位系统不是经济增长的来源，但能确保他们的经济增长不受军事行动的损害。

任何国家的崛起都不可能是不容变更的。在今后几十年内，如果不发生意外，中国的经济增长将会持续。但是数个严重的国内挑战将消耗中国政府大量的精力、时间和资源去处理。如果任何一个挑战失去了控制，就可能会造成严重的经济衰退或社会动乱。即使保持了稳定，也还会有一些限制的因素。为什么这么说呢？举个例子吧，为何苹果手机不是在中国发明的？中国的知识产权法和企业制度目前还不能提供足够的奖励，去解放我们从历史上明确了解到的中国人民拥有的创造力。但是我乐观地认为，目前中国的领导层有足够的意志和能力，理智地处理这些国内挑战。在过去35年的改革开放中，中国已证明能够对错误的政策反省，及时予以制止和避免造成更大的问题。

有一段时间，一些相互邻近的城市纷纷重复建设许多基础项目上。在深圳、珠海、香港和澳门，有四个机场相互靠得很近。这些事都是在他们对形势失控的时候发生的。市长的政绩一度是依据他们所管辖的城市的发展情况而定的，不管这种发展是否是可持续的。他们不是把重点放在长期增值的项目上，而是放在增加国内生产总值的数字上。结果，他们忽视了环境，忽视了长远规划。但是，他们也正在纠正这样的做法。

继续向前发展，在沿海与内陆省份之间，以及在一定程度上的城市与城市之间，出现不断扩大的财富差别，这将有可能造成严重的紧张情况。沿海城市的发展速度比内陆城市至少快三分之一，而且是从高得多的基础上发展。这些城市吸引了更多的资本、创造了更好的工作机会，而且为居民提供更高的生活水平。这些差距正在扩大。

当然，在中国这么大的国家，一些发展上的不平衡肯定是会存在的。我认为，西部的省份永远不可能像沿海、沿江的省份那样繁荣发达。以美国为例，东岸和西岸都比内陆人口更稠密、更为繁荣，只有芝加哥例外。但是芝加哥有圣劳伦斯河和五大湖，船只可以驶入。靠海地区的地理优势不可能完全被超越。此外，在中国，一些西部省份不仅远离海洋，而且还有一些半沙漠地区，那里的气候很恶劣。那些希望能有好前途的聪敏学生都把目标放在能到沿海或北京读大学。这是一个恶性循环，因为最好的教授和老师也不愿到内陆。胡锦涛主席强调要建立"和谐社会"，并将它作为在沿海与内陆之间实现平衡发展的目标之一。他们正在建设基础设施，通过为商家提供特别的投资条件，使西部地区得到发展。这项工作仍在进行中。最终，内陆省份的水平有可能提高到沿海省份的60%至70%。中国面临的挑战是，要确保因财富差距引起的不满，不至于发展到无法控制的地步。卫星电视使这个问题加重了。成都或云南的人在电视屏幕上可以看到北京的发展状况。他们看到了由世界著名建筑师精心设计的宏伟的奥林匹克体育场。他们会说："这跟我有什么相关？什么时候能轮到我？"

发展不平衡已导致其他问题。居住在较为贫困地区的人希望搬迁到较为富裕的地区。从农村向城市迁移的人很多，估计每天占中国总人口的1%。中国有"户口"家庭登记制度，这如同日本的"小关"户籍制度，未经批准，你不能从甲处搬到乙处居住。如果你坚持这样做，在新的居住地你将享受不到医疗服务、住宅供应、孩子上学等权利。但这并没有阻止人口迁移，农村劳工照样流向城市，他们在城市各处干繁重的苦活，他们和孩子都不能享受基本的社会服务。这种现象是难以持久的，政府也明白。但是，如果允许他们自由迁移，城市都将爆满。因此政府正在设法寻找解决方法。鉴于城市的发展需要劳动力，他们正在让地方当局分担安排移民的部分责任。我还被告知，他们正在计划在中国中部建立六个城市群，每个城市群的人口可以超过4000万。他们希望将农村人口吸引到这些城市，而不是去沿海城市。但是这必须是一次可控的活动，因为这些城市无法向移民提供沿海城市所能提供的机会。

中国经济上最容易实现目标的时期就快过去了。为了确保今后几十年的经济增长能够持续，整个经济战略需要调整。中国因有廉价劳动力，还可以继续享受一段时间的快速发展。西部省份的人力资源储备可以让中国以7%、8%或9%的增长速度发展15年或20年。随后，经济增长将取决于生产力，即他们如何教育中国人民在同样的时间内生产更多的产品。换句话说，不管是通过大学、理工学院，还是技术学院，你如何训练并让他们掌握不同的技术和劳动工具。

中国面临更为迫切的问题是如何处理那些低效的国有企业。在这方面，中国面对的是个人激励这个根本问题。他们正试图让官员像私营企业家那样。但这不会奏效，除非让你占有高达20%的股份，整天担心股市崩溃会对你产生影响，不然你不会在乎，也不会采取什么应对措施。不管企业发展好坏，你照样拿工资。但是，当涉及你自己的财富、你的全部生计、你在公司的所有股票，你就会一天24小时都在提心吊胆。

中国人准备接受私有化的概念吗？他们已经具备了要求官员拥有商业头脑的概念，但是要用什么来激励官员能像一名业主那样？

除非中国经济出现严重减速——这是有可能的,否则我不能确定他们在这个问题上是否决心要采取果断的行动。

最后一点是,中国需要从出口导向经济,转变为如同美国的经济那样,以国内消费为导向。 为了实现这一转变,你必须使中层和中下阶层在思维上产生变化。 他们已经穷困了这么长时间,自然会将增加的财富存在银行或藏在枕套里,他们只会在对未来有信心时才消费。 美国人消费——也借钱消费,不管对未来是否有信心。 美国人有一个基本设想,即事情总会好起来的。 他们的经济就是这样依赖国内消费发展的。 中国人最终要走这条路。 问题是他们怎么实现这一转变?

穷人即使有了钱,其举止还会像穷人那样。 因为你穷了那么长时间了,害怕还会变穷,就只想着积累更多的财富,有更多的储蓄。 只有当你变得有信心了,相信经济繁荣将继续,意识到困守原有的生活方式是愚蠢的,才会开始花钱。 他们要想使经济持续增长,必须进入这个阶段。 他们没有太多的时间了,必须在10年至20年内完成这一转变。

然而,财富必须更加合理地分配。 由于目前消费动力只存在于沿海省市,而不是出现在更大量的农村人口和内陆居民中,因此收入的差距是阻碍国内消费的一个因素。 他们怎么来重新分派经济增长的成果? 经济增长必须惠及所有的人。

一 中国：一个强大的中央

问：从上世纪70年代末开始，我们看到中国发生了戏剧性的变化。您能否为我们简单地描述一下，按照您的观点，导致中国经济发生这样不可思议的变化的主要因素是什么？

答：我认为，首先是因为邓小平改变了他们的政策。中国曾是与世隔绝的国家。他来到新加坡，看到我们没有腹地，但依靠对外贸易和投资而取得繁荣。他开办了经济特区，使特区繁荣，接着他们又建立更多特区，也取得了繁荣。朱镕基将中国带入了世界贸易组织，整个国家现在已成为一个自由投资区域。只要有廉价的劳动力和技术人员，以及专业人才，它就会是一个非常有吸引力的低成本出口基地。与此同时，随着他们富裕了，消费也正在增加。

问：因此在某种意义上，这是亚洲四小龙故事的重现？韩国已开放了，香港开放了，新加坡也开放了。

答：不，它们的规模是如此之广，如此之不同。亚洲四小龙可以被放进中国一个省内。它们的规模巨大，经济开放的结果将在20年、30年或40年内，影响整个世界的经济。我的意思是，举个例子吧，当欧元遇到了麻烦，温家宝去访问欧洲，安格拉·默克尔来到北京回访，原因是温家宝有3.2万亿美元的储备金，这就是经济力量对比的格局发生了变化。我认为，他们不会浪费这3.2万亿美元，他们可能以低价购买一些欧元债券作为投资，而不是赠品。欧洲不发生崩溃，符合他们的利益，否则对欧出口将受到损害，但是免费赠予不符合他们的利益。

问：由于非常迅速的经济转型，您认为中国正在出现什么问题？

答：我从两个方面看到了他们的脆弱。一是没有治理制度，个人不服从领导人。二是他们没有法治，是掌权的人在统治。因此每当领导人更换，就意味着高级领导人员的若干个层面或层级将发生变化。这是造成不安定的因素。

问：他们能够改变这两个弱点吗？

答：不容易。这是这个国家的文化。共产党愿意建立一个使他们可能丧失控制国家能力的制度吗？我不知道。我认为还缺乏要改变这一制度的激励因素。

问：在今后 15 年至 20 年的时期内，会发生迫使他们改变的事情吗？

答：我不知道会发生什么样的危机。但是我认为不会发生那种危机，即它会导致在制度管理上采用西方法治理念的解决方式。我看到他们正在建立自己的解决冲突的制度。

一 中国：一个强大的中央

问：您认为缺少法治，可能会阻碍他们保护和尊重发展知识产权的创新文化吗？

答：只有当他们拥有足够的知识产权需要保护时，才会予以重视并采取措施。他们尚未达到这一步，这不会鼓励创新和专利登记。当他们具有足够的企业精神来开创一些新项目时，这情况可能会缓慢地改变。

问：但是随着中国更加融入国际经济，更多的外国公司希望和它做生意，将会迫使中国在合同、知识产权等方面采取法治吗？

答：在这方面，中国有一些部门可以进行仲裁，但这只是用在栅栏围起来的部分。我认为还未遍及整个社会。我认为"乌坎事件"不会进行仲裁，它将靠武力来解决，这是我对这个问题的看法。我不认为法治会在中国突然出现。但并不是说他们在学习西方制度之后说：我们应当如何改善我们的制度？他们在发展中遇到问题后，会通过调整制度加以改善。

问：但是中国人并不反对向西方学习，毕竟马克思主义来自西方。

答：不、不、不，那完全是另外一个问题。在他们跟随苏联的那个时代信仰马克思主义，是神学般的忠诚，他们现在不那样了。例如，当他们谈论民主时，并不是指美国人所说的民主，或英国人的，或我们的。我的意思是民主的基本原则和真正的考验是：你能否通过选举改换政府？仅此而已。他们曾研究我们是如何保持执政地位的，我们是赢了选票。当我们失去部分选票，我们不得不为下一轮做准备。我们也许会失去更多的席位，或者稳住席位，或者收复了那些席位。换句话说，你可以通过选票改换政府。哈罗德·拉斯基曾对这个问题做过一个经典的总结：你可以通过认可或者暴力进行革命。我认为他们不会通过选票进行革命，也不会靠选票解决问题。

问：在相当一段时间里，户口制度在中国已成为热烈讨论的一个话题。许多人要求将它取消。您认为中国政府会改变户口政策吗？也许不会是一朝一夕就改变，但是否会在都市人口迁移的问题上逐步允许放宽，有更多灵活性？

答：他们也许会，但是，这意味着他们将把接收这些人的担子压在城市身上，压在城市政府身上。除非他们获得更多的经费，不然他们怎么能负担这笔开支。

问：世界银行最近一份报告警告说，中国经济正朝着大步减速的方向发展，除非它对经济进行根本性的改变。报告强调有必要将国有企业私有化。

答：这是一个低效的方式。激励国有企业管理人员的方式是不同的。他们得到指令：努力工作提高效率。但是不管你的效率如何，你还是一样领工资。当你拥有财产，情况就不同了。当你的全部财产面临危险时，你就会一天24小时都忙于工作。他们准备这样做吗？在俄罗斯，他们已实行私有化，寡头政治执政者拿走了经济的绝大部分。其中一些人能够有效地经营，因为这已是他们的财产。

问：您认为中国也会这样吗？

答：你如何以合理的方式实行私有化？你将资产卖给谁？

问：但是考虑到您所说的中国制度中存在的"关系"和"关照"，这应当符合于他们的模式。

答：你就这样给出去吗？我认为如果那样的话，真会出问题，在高层出现财产的争夺，立即发生一场权力斗争。就苏联而言，国家崩溃了。苏维埃社会主义共和国联盟崩溃了，原有的联盟解体了。当所有这些事发生时，他们陷于茫然。

问：假如国有企业制度的低效对他们产生了坏的影响，结果使经济放缓，这是否足够成为他们进行改革的理由？

答：我不知道。如果经济严重放缓，他们将不得不设法激发管理人员或用更具有商业头脑的人取而代之，并给他们股份。他们要怎么做呢？是把公司交给他们的朋友以及他们党内的同志？怎么能确保具有适当品质的人来经营公司？如果他们允许发展一批中小型企业，并产生一些企业家，那么，这些中小型企业以后会接管那些国有企业。因为，这些企业家是真正靠自己上来的。他们是精明老练的，懂得如何在市场力量中运行。

问：因此，当足够多的小型企业扩大后，就有可能实现。

答：问题是他们无法获得足够的资金，资金拨给了国有企业。如果他们想要发展，就应该允许给中小企业提供资金。然后，他们会拥有一批新产生的企业家。最终由这些人接管国有企业。我认为这是一条出路。

问：您是否认为他们实施的经济体制，以及在政治上推行的方式，阻碍了一些高端的创造力和革新？这些在我们所看到的，例如美国经济就得到最好的发挥。

答：是的，当然是。这就是中国不能制造出 iPad 或 iPhone 的原因。企业不是他们的，而史蒂夫·乔布斯拥有自己的公司。他发明，他拥有专利，他成为一名亿万富翁。

一　中国：一个强大的中央

问：那会成为阻碍中国发展的一个问题吗？它会影响与美国直接竞争的能力吗？

答：这始终是一个问题。你看看面世的每项发明，如iPhone、iPad、互联网，为什么中国不能发明？不是因为缺乏人才，而是欠缺某些东西。

问：举个例子，是否有可能说在美国顶级大学学习的一些中国学生，他们很聪明，回到中国后……

答：改变这个制度？

问：至少在技术圈内。

答：他们回国后就被安排进入适合他们的中层位置，等到他们进入高层时，他们已经被这个制度同化了，他们会如同其上司那样处事。这是他们存在的问题。我的意思是如果他们允许中层管理人员去美国，回来后接管并实行不同的制度，那我想这有可能做到，但这意味着他们放弃权力，我想他们不会这样做。这是违反他们意愿的。如果这样，他们接下来要干什么？

问：鉴于这样的惯性，这个制度能否维持高增长率，或者如同世界银行所说的中国经济增长将放缓？

答：我认为经济将会放缓。当廉价劳动力资源耗尽了，他们就要放慢速度。

问：您是否认为，在15年至20年内，人民币将成为完全可兑换的货币？

答：我认为，他们正将人民币可兑换作为一个目标。但是兑换并不意味着公平的兑换率，你可以转换及将你的货币低估，以增加出口。他们会让货币升值，但这将是逐步的。他们总想获得低成本出口的好处。这是一个以出口为导向的经济，不同于美国那样以国内消费为导向的经济。美国希望他们能转变为那样的制度，我想他们最终将被迫转变到那种制度。但是，你必须让中层及中下阶层改变思维方式，必须鼓励他们消费，不要只存钱。我确信，国内消费最终会成为他们经济持续增长的唯一途径。为了实现这一目标，他们必须重新分配增长。因为一些内陆省份不具备消费力，你必须让经济增长惠及所有的人。

问：因此，鉴于您描述的情况，政府将不得不对其社会制度做出非常大的改变，如在获得教育、训练等方面。如您所说，这样才能使经济的增长惠及所有的人。经济上的迫切需求将会推动社会改革吗？

答：你可以这样说。但是他们的考虑是，如果不这样做，经济将会停滞。因此，为了不使经济停滞，他们会这样做。

美国

陷入困境但优势仍在

国际势力均衡正在发生变化。在亚洲边缘的太平洋,美国会逐渐发觉越来越难以发挥其影响力,情况将不如以往。势力格局的关键在于距离。中国有地理上的优势,要在亚洲发挥影响力可谓轻而易举。反观远在8000英里外的美国,那完全不可同日而语。在发挥影响力时,双方所付出的努力、后勤方面的复杂性和成本上的差异,是相当可观的。与中国13亿的庞大人口相比,美国仅有3.14亿人,这加剧了美国的艰巨挑战。然而,因为美国拥有更优越的科技,势力的转移不会迅速实现。中国虽然也建造了航空母舰,它未必能迅速赶上美国航母所备有的核动力引擎、能运载5000兵员的技术。尽管如此,美国在距离上的劣势是一个关键,它将不得不调整在本区域的姿态和政策。

奥巴马政府在2011年宣布,美国打算将战略重心移回亚太区域。他们把这叫作太平洋战略重心。奥巴马总统的国务卿希拉里在《外交政策》杂志上撰文时,透露这一新战略背后的思维:"亚洲开放的市场为美国进行投资、贸易及获取尖端技术提供了前所未有的机遇……在战略上，无论是通过捍卫南中国海的航行自由、应对朝鲜的扩散问题，还是确保该区域主要国家的军事活动的透明度，维持整个亚太区域的和平与安全对全球的发展越来越重要。"2012年4月，为增强亚太区的影响力，美国200名首批海军陆战队官兵派驻澳大利亚北部城市达尔文。

许多亚洲国家对美国重申这一承诺表示欢迎。多年来，美国参与本区域事务一直是这里的一个重要稳定因素。美国持续参与本区域的事务，将有助于保持这种稳定和安全。中国之巨大意味着最终只有美国联合日本与韩国，并同东盟国家合作，才可以平衡它。

然而，美国能不能将一时的意愿转化为长期的真实承诺，还有待观察。意愿是一回事，能力和力量则又是另一回事。美国目前在澳大利亚、日本、韩国和关岛都有驻军。（菲律宾在1992年要求美军离开苏比克湾是不明智的，忽略了美国撤离后的长期后果。现在他们的立场是："请回来。"）美国相信它在区域国家的军事部署，能平衡中国的海军。此外，由于这个区域的水域较浅，美国能够跟踪包括潜艇在内的中国船舰的行动。但是这种优势能维持多久？100年？不可能。50年？不大可能。20年？也许吧。最终出现的势力均衡将取决于美国未来几十年的经济会如何发展。发挥影响力是需要有强大的经济做后盾的，这样才能资助军舰、军机和军事基地的建设。

随着美国与中国对太平洋的支配地位互相角力，实力难以比拟它们的亚洲国家只能作出相应调整。古希腊历史学家修昔底德写过一句名言："强者做自己想做的事，弱者听任命运摆布。"亚洲较弱小的国家也许不会这么任由命运摆布，它们一旦真的认为美国在亚

二　美国：陷入困境但优势仍在

太区域影响力下降，就会改变其对外战略，而不得不多加关注经济和军事实力都在增强的中国的喜恶。但同样重要的是，必须确保不会完全被中国主导。我不认为中国最终有能力将美国排挤出西太平洋。

一个例子是，越南是最不乐于看见中国势力不断扩张的国家之一。邓小平为教训越南武装入侵柬埔寨，于1979年派兵攻打了越南北部。他在摧毁了几个城镇和村庄后撤兵，目的只为了对越南发出一个严厉的警告："我可以直捣河内，将你占领。"越南人是不会忘记这个教训的。越南政府可能已在商讨的策略，是如何开始同美国建立长期的安全关系。

对于这个势力均衡的变化，我也感到有些遗憾。因为我认为美国基本上是一股温和的力量。它向来不好侵略，对占领新领土也不感兴趣。它出兵越南不是因为想占领越南，它在朝鲜半岛进行战争，也不是因为想占领朝鲜和韩国，开战的原因是因为它当时反对共产主义，它想阻止世界越来越受共产主义影响。如果美国没出手干预，并在越南坚持了那么久，其他东南亚国家抵抗共产主义的意志就会瓦解。在"红潮"面前，东南亚可能就如多米诺骨牌那样一一倒下。尼克松为南越蓄积力量以继续抗斗，成功地争取到更多时间。南越虽没成功，但是这额外的时间足以让东南亚组织起来，为东盟这个组织的产生奠定了基础。

对于美国的存在，新加坡是相当自在的。我们不知道中国是否会变得更傲慢或武断。2009年，我以英语提出了必须平衡中国的看法，但平衡一词在中国却被翻译成了"制衡"，结果在中国网络世界引起轩然大波，当地网民质问我身为华人，竟然提出这样的观点。他们非常敏感，即使我指出我从没说过"制衡"，他们的怒气仍无法平息。 这显示出崭露头角的是一股未成熟的力量。

在不断变化的环境中，新加坡的总体战略是确保即使搭上中国非凡的经济增长列车，也不切割同世界其他国家的联系，尤其是美国。 新加坡对美国依然重要。 我们处于一个群岛中心的战略位置，而如果美国想保持在亚太区域的影响力，它就不能忽略本区域。 即使我们与中国的关系日益加强，它也不能阻止我们同美国保持强韧的经济、社会、文化和安全关系。 中国知道它越向东南亚国家施压，就越会把这些国家推向美国。 如果中国有意像美国那样，把新加坡当作其军舰的停靠港，我们表示欢迎。 不过，我们不会选边站，接待一方踢开另一方。 在很长的一段时间内，我们可以继续采取这个立场。

我们也通过语言与世界各地保持联系。 很幸运的，过去统治新加坡的是英国，它留下的是英语。 假如新加坡如越南那样是由法国统治，我们就必须忘掉法语，再去学习英语以便同世界接轨，那肯定是个非常痛苦和艰难的转变。 新加坡于1965年独立时，中华总商会的一组代表向我游说，希望将华语选为国语。 我对他们说：
"你得先把我打倒。"将近50年过去了，历史显示能讲英语并与世界沟通的能力，已成为新加坡的成长故事中最为重要的因素之一。 英语是国际社会的语言，大英帝国将英语传播到世界各地，所以当美国接手时，世界过渡到美式英语是相对顺利的。 对美国而言，全球有那么多人懂得他们的语言是一个巨大的优势。

随着中国持续崛起，新加坡或许要提升学校的华文水平，以便我们的学生日后若选择到中国工作或做生意，具有一定的优势。 不过，华语仍会是第二语言，因为即使中国的国内生产总值超越美国，它也无法给我们带来我们今天所享有的生活水平。 中国对我们

二　美国：陷入困境但优势仍在　　　　　　　　　　　57

国内生产总值的贡献不到20%。维持新加坡发展，并为我们带来繁荣的不只是美国，也包括世界其他国家，如英国、德国、法国、荷兰、澳大利亚等等。这些国家做生意是用英语，不是华语。未来无论什么时候，如果我们考虑将华语定为工作语言，那将是愚蠢的。现在，就连中国人从幼儿园到大学都在疯狂地学习英语。

最终的较量

美国并没在逐渐式微。因为在伊拉克和阿富汗进行拖拉又凌乱的军事占领，以及发生严重的金融危机，使它的声誉遭受了打击。但是，具有洞察力的历史学家会指出，目前看似变弱又疲惫的美国曾经从更为严峻的局面中回弹。在人们的记忆里，它面对过不少艰巨的考验和挑战：大萧条、越南战争、战后迅速崛起的工业强国日本和德国。每一次，它都能重拾意志和毅力去恢复其领先的地位。美国最终会克服困难，未来也将是如此。

美国的成功在于它活力十足的经济，而这活力的来源是一种不可思议的能力，不仅能以更少资源去实现同等的产出，还能不断创新，创造出很快被世界认为有用、可取的全新商品和服务。苹果手机、苹果平板电脑、微软、互联网——这些都是在美国而非其他地方创造的。与美国相比，中国有才华的人更多，可是他们为什么就没能有类似的发明？显然的，他们缺乏美国人所拥有的思想火花。而这点思想火花，意味着美国人能够不时想出可改变游戏规则的新发明，使这个国家又走在前沿。

即使衰退论者是对的，美国确实正在走下坡路，但人们必须记住一件事，即它是一个大国，衰退将需要一段很长的时间。如果新加坡是一个大国,我就不会那么担心我们是不是采取了错误的政策,因为弊端会很慢才显现出来。 然而,我们只是个小国,一旦错了,就会在短时间内带来灾难性后果。 反观美国就像一艘大油轮,它不会如小艇那样,说转身就转身。 但我认为衰退论者是错的,美国衰退的可能性不大。 相对于中国,它可能变得不那么强大。 它在西太平洋发挥的影响力可能会受影响,它也可能在数量和国内生产总值上不敌中国,但是美国人的关键优势,即它的活力不会消失。 迄今为止,美国社会还是更富有创造力。 事实上,美国人针对国家是否衰退正在进行辩论,这本身就是一个健康迹象,显示他们没骄傲自满。

我为什么相信美国就长远而言会成功?

首先,美国社会比过去任何时候的中国都更具吸引力。 美国每年引进成千上万的聪明且不安于现状的移民到那里定居,并在各个领域中取得成功。 这些移民通常更富创新精神,而且敢于冒险,否则他们就不会离乡背井去另一个国家。 移民源源不断地带来新点子,为美国社会带来一种激情,一种你在中国找不到的兴奋。 要是少了这些移民,美国就不可能那么成功。 过去几个世纪,美国吸引了来自欧洲的顶尖人才。 今天,它吸引的是亚洲人——印度人、中国人、韩国人、日本人,甚至东南亚人。 由于美国能接受这些移民,帮助他们融入,并为他们提供平等的机会去实现美国梦,这些不断被吸引进来的人才也反过来协助这个国家去创造新技术、新产品和新的经商方法。

中国和其他国家最终得按照国情去采用美国吸引人才的部分模式。 它们将不得不四处寻找人才,以建立自身的企业。 这是最终的较量。 在这个时代,大国之间已不会再进行军事较量,因为它们

二 美国：陷入困境但优势仍在

知道这么做，只会摧毁彼此。不过，经济和技术上的竞争还是有的，在这些竞赛中，人才是关键。

美国是一个会吸引并留住人才的社会。它已经吸收了亚洲最优秀的人才。看看美国的银行和大学里的印度人数量，例如花旗银行的前首席执行官潘伟迪（Vikram Pandit）。一些新加坡人到美国深造后也选择留在那里。这就是为什么我更倾向于把奖学金得主送到英国留学，因为我肯定他们会回来。在英国，你不会想要留下，因为那里不欢迎你，而且那里的经济较没活力，就业机会较少。

在吸引人才方面，中国不那么有效的原因之一是因为语言。比起英语，华语是一门更难掌握的语言。除非一个人从小就学习，否则讲华语是非常困难的。华语是单音节的语言，每一个字都有四个或五个音调。要是你不通晓华语，沟通就成了问题，进而形成一个巨大的障碍。我是以个人经验得出这个结论的。为了学华语，我奋斗了50年。今天我虽然能讲华语，并以汉语拼音书写，但我始终无法掌握地道的华语，而这不是愿不愿意尝试的问题。即使中国在未来成为一个占主导地位的强国，也不会改变一个基本事实：华语是一门非常难学的语言。除了华人和成为中国问题专家的欧美人士，又有多少人去了中国，在那里落户、做生意？中国尝试通过在全球设立孔子学院以推广他们的语言，但是成效顶多只能算差强人意。人们还是去英国文化协会和美国的机构，美国政府什么也不必做。美国曾经开设过新闻处，但这后来也关了，因为根本没这个必要。市场上早就有大量的出版物、电视节目和电影在发挥这个功能。因此在软实力方面，中国将无法取胜。

美国竞争力的另一来源，是有许多遍布全国各地并相互竞争的卓越中心。东岸有波士顿、纽约、华盛顿；西岸有伯克利、旧金山；中部有芝加哥和得克萨斯。这些中心十分多元化并会互相挑战，不会墨守成规。德州人发现拥有丰富的石油资源后，身为德州人的前国务卿詹姆斯·贝克就试图在休斯敦建立一个可挑战波士顿或纽约的中心。另一个例子是曾担任美国驻新加坡和中国的前大使洪博培，他是我的私交。他的家族有前列腺癌病史，他在继承父亲的财富后，就把研究前列腺癌的最优秀科学家带到他的家乡犹他州，以研究这种病。

每个中心都认为本身能媲美其他中心，它所需要的是资金和人才，而这些都是可以募集的。没有人会认为必须唯华盛顿或纽约马首是瞻。如果你有钱，就可以建立另一个中心。正因为如此，美国社会有一定的多元性，其竞争精神可以不断产生经得起时间考验的新思路和新产品。中国采取的当然是完全不同的另一套方式。中国人相信的是当中央强大时，中国就会繁荣。这里有一种必须合乎习惯的态度，要求每个人都遵从于一个单一中心，要求人们不可标新立异。在这方面，就连英国和法国也无法与美国相比。在法国，所有的聪明人都进了精英学府。在英国则是牛津与剑桥。这些国家相对小、密集，因此更为相同。

从上世纪70年代末到80年代，美国工业的领先地位被新兴经济强国日本和德国反超了，这包括电子业、钢铁业、石化业和汽车业。这些都是重要的制造行业，雇用很多工人，包括有工会代表的蓝领工人。在一些欧洲国家，工会通过威胁将采取会造成严重短期损失的工业行动，去抵制劳动力市场改革。但是在美国，情况恰恰相反。企业可以作出艰难却有必要的改变，它们精简人手、裁退员工，并通过采用包括信息技术在内的科技去提高生产力。美国经济因此重整旗鼓了。帮助企业优化信息技术系统的新业务出现，包括

二　美国：陷入困境但优势仍在

微软、思科和甲骨文。经过一段痛苦的调整，企业能够创造新的且待遇更好的工作。对于能在中国、印度和东欧代工的旧型工作，它们毫不留恋。它们预见的未来，是在一个不通过生产部件或汽车，而是以脑力、想象力、艺术、知识和知识产权去创造财富的世界。美国因此后来居上，重夺世界增长最快的发达经济体的地位。我很欣赏美国人创业的活力。

到今天，你还是看得到这样的情况。美国的制度更精简，更有竞争力；美国人提交更多的专利。他们总是在努力创造新事物，或改善事情的做法。当然，这是要付出代价的。美国失业率的波动像溜溜球（yoyo）一样大起大落，经济不景气时，失业率达8%至10%是再寻常不过的。如此发展的后果是一个底层阶级逐渐形成。在一片奢华、狂饮喧闹之中，以及纽约市美丽商店橱窗前，人们可以随处看到躺在人行道上无家可归的美国人，除了蔽体的衣物和当睡垫的纸皮，他们一无所有。一些人——包括诺贝尔经济学奖得主保罗·克鲁格曼，严厉谴责美国社会贫富悬殊的鸿沟。

这个事态可以接受吗？这由不得我来评论。一些宗教和慈善团体设法济贫，包括为失业者设立施食处。然而，你不能期望鱼与熊掌兼得。要是你希望拥有如美国目前那样的竞争力，就避免不了贫富差距的产生，以及底层阶级的形成。要是你选择的是如欧洲在二战后那样的福利社会，活力自然减弱。

最后，美国拥有一种颂扬勇于出去闯天下者的文化。他们如果成功了，就会被视为优秀的企业家，受人钦佩并获得应得的社会地位和认可。如果失败了，就当作很自然的中间阶段，是通往终极成功的必要过程。所以他们会振作起来，重新开始。这种文化有别于英国文化。在英国这个比较静态的社会里，每个人都知道自己所处的身份和地位。 在这方面,英国深具欧洲特色。 英国人有过不少伟大发明——蒸汽机、纺织机和电动马达,他们获过许多诺贝尔奖。 但是他们的发明很少成功地被开发成商业项目。 为什么会这样呢? 跨越两个多世纪的帝国造就了一个崇敬旧富豪和地主阶级的社会,暴发户受到鄙视。 年轻聪颖的学生立志要当律师、医生和专业人员,即那种因为智力和动用脑筋而受人景仰的人,而不是那种苦干和运用双手的人。 相反的,美国是一个新型社会,没有阶级障碍,每个人都颂扬起家致富,都想发财,从而形成一股强有力的冲劲去创业生财。 在美国企业里,年轻人往往在会议上有更大的发言权,而他们洋溢的生气会被疏导以帮助公司变得更具创造力。

债务问题

与一些欧元区国家相比,美国的债务和赤字问题看起来相对轻微。 它的处境之所以比较好,部分原因是因为美元是世界储备货币,这意味着美国享有比其他国家低许多的借贷成本。 但由于消费方向错误,情况已不容它自满。 如果不采取措施改革现行制度,社会保障和医疗保险成本在三十年内将变得难以承受,这可能导致美国政府失去自由支配政府开支的自主性。 如果美国领导人选择无限期地袖手旁观,国际社会对美元的信心终将崩溃。 对世界各地的观察员而言,美国2011年针对债务上限和削减赤字的政治僵局极为骇人。 美国需要马上吞下苦药以解决问题,但是它拒绝接受,而国会和总统对此也无法达成共识。 每一方目光所及之处,是下一届选举而不是对美国的长远后果。

这个问题令人担忧,但我认为不是无法解决的。 双方都知道要

二 美国：陷入困境但优势仍在

是没有解决方案，整个国家的发展将受阻，甚至可能陷入衰退。因此到某个时候，情况会有所突破。美国选民有足够的理性去认清问题，并会通过选票要求他们的领导人对国家财政的可持续性等重要问题，给予应有的重视。无论是现任还是未来的另一个总统，将发挥带头作用，而国会对美国的未来也将达成某种协议，而不只是关注政治上的得分。或许，这个情况要在美国总统步入第二个任期，不必再担心连任问题时才会出现。不管怎样，现阶段可被视为是个暂时的阶段。到紧要关头时，当国家利益和安全受到威胁时，民主党和共和党会团结起来解决问题。因此，我不会太关注目前的政治争论，这不会有长期后果。

然而，美国有其他会产生长远后果的严重问题，而这些问题却没得到应有的政治辩论。它面临的最大挑战之一是教育。每年有数以千计的学生涌向美国，就为了进入当地的高等学府，因为它们是最好的。入读哈佛或斯坦福或普林斯顿，已经成为世界各个角落数百万年轻学生和家长的梦想。但是，美国需要培育的不仅仅是顶尖的科学家、学者、专业人员和实业家，它还需要不断培育底层的人，因为在任何经济中，大部分工人是由中层的人才组成。有精英大学是好事，但是你不能同时在中小学产生一批批文盲或接近文盲的学生。美国教育的可能失败之处，正体现在这一群学生之中，它忽视了基础教育和技术教育。在一些公立学校，为数不多的政府拨款在金融危机期间进一步削减，至今仍未恢复。有人认为财政吃紧，意味着拨款可能永远无法完全恢复。削减拨款的影响不会在未来一两个选举周期中显现，但对美国的竞争力却有长远的影响。问题的部分原因是，教育是个别州政府而非联邦政府的责任。所以，你必须说服50个不同的州政府振作起来，你不能直接从华盛顿指示它们。 我明白美国人怀疑中央控制地方事务的历史原因,但在教育方面,这已成了这个制度的一大缺陷。

困扰美国的问题还包括:全国性基础设施需要提升;阶级鸿沟越来越大;种族歧视的根深蒂固;以及过分依赖金钱,而且是如此让人精疲力竭的选举过程,导致不少原本会考虑为国家服务的人才失去兴趣。 但与此同时,人们应记得,就如美国人往往爱夸大自己的美德,他们有时也会夸大问题。 这样,电视节目才会精彩,报纸也能用它来吸引更多读者。 这在政治辩论中也是一门精心磨炼的技能,为了攻击对方,你得把错误夸大。 不熟悉这种操作的外国观察家最初可能会觉得这很令人不安,但很快地,他们会学会如何分辨什么是华而不实的空话,什么是现实。

撇开空话不谈,美国人从根本上相信明天会更好。 这说明了他们为何会倾向于消费、借贷、再消费。 中国人和日本人却总是认为随时可能发生地震或其他灾难,所以觉得有必要储蓄以未雨绸缪。 我很佩服美国社会的乐观主义:他们乐于尝试的生活态度;认为只要有了相关资源,每一个问题都可以解决;以及什么东西都可以分解、分析和重新定义。 但是我可能不会想永久居住在美国。 如果我是个难民,如流亡加利福尼亚州的前南越总理阮高祺,我大概会选择去英国,那里的社会压力会小些。

我所认知的美国

我在1962年第一次访问美国,那是在二战结束后没多久。 欧洲的经济正处于半崩溃的状态,英国的实力在下降而中国还未振兴,美国成了占据支配地位的强国。 我当时遇到的美国人充满自

二 美国：陷入困境但优势仍在

信，英国人已经将掌握世界权力的重任移交给他们。 两个国家都是英语系国家，所以移交过程相当顺利，没有多大的争执，也没有多大的裂痕。 英国明白它大势已去。 美国出手将它从德国威胁中救出，它要付出代价的，这个代价就是失去帝国和土地，它在美国的所有资产和土地不是交出去，就是变卖了以购买二手军舰去守卫它物资补给须途经的大西洋。 因此英国意识到本身已式微这个事实，也没去挑战美国至高无上的地位。

现在的差别是，美国绝不会如此轻易接受中国也登上至高无上的地位。 不过，美国看得出崛起中的中国，是一个很难围堵的潜在对手。 到2035年，中国的国内生产总值将超越美国，而且其军事力量也足以防止美国称霸西太平洋。 这将是一个非常显著的变化。德国当年在欧洲发动战争以挑战世界秩序时，英国连同美国阻挡了它进一步前进。 然而，即使在日本的帮助下，美国这次是否能同样阻拦中国崛起？ 我不能肯定。 日本人不会想与中国交恶，从此成为它的死敌。 如果我是日本人，看到我1.3亿人民就住在13亿中国人旁边，我会问自己："我为什么要与它为敌？"而且，中国欢迎日本和韩国商人到中国进行大规模投资，在经济上以廉价的生产要素和巨大市场吸引他们。 美国可能还不必如此妥协，与中国"共生共荣"。 即使日韩在经济上依靠中国，它们也会想要维持与美国的安全关系。 中美关系将是21世纪最重要的双边关系，两大巨头之间的和平与合作将给亚洲带来稳定。 由于两国都拥有核武器，交战的可能性非常小。 因为一旦开始有了冲突，无论在哪个层面，冲突都可能升级，而处于下风的一方为了将损失降至最低，最终必将诉诸核武器，这将是末日的前兆。 所以即使是很小的冲突，双方都必须竭尽所能加以避免。 美国不会停止改善其军事技术，与此同时它应尽量鼓励和帮助中国融入国际社会，并在形塑国际秩序中发挥作用。这样，中国才会认为接受它作为全球公民的义务是值得的。

在处于支配地位初期，美国人的行事作风倾向于不客气，甚至是傲慢。英国经营帝国两百多年，结果发展出一套老练、优雅的统治风格。一名曾为英国人办事的印度公务员对我说过，200名英国军官就能控制2亿印度人，这太不可思议了。那是帝国的巅峰状态。美国是在二战后成为超级强国的，拥有支配地位的时间并不长，所以在捍卫这个刚刚得到的地位时，仍显得自负。

在某种程度上，这种自负所带来的结果，是持续渗透美国外交政策的说教精神。在"9·11"之后，美国十分不明智地进入阿富汗并试图建立一个国家，却忽略了它过去三四十年都不是一个国家的事实。自阿富汗末代国王穆罕默德·查希尔在1973年被推翻后，这个地方一直处于部落不停交战、难对付的状态，没有和平。你要怎么去把这些碎片拼凑起来？这是不可能的。再推前一百多年，吉卜林在《年轻的英国士兵》这首诗中写道："当你负伤遗留在阿富汗平原/妇女现身将所剩下的砍碎/谐谑滚向你的步枪引爆你的大脑/去见你的上帝吧，像个士兵。"我与希拉里分享了这首诗，并委婉地指出今天的阿富汗与吉卜林时代的阿富汗没有什么根本性的变化。无论"9·11"有多么恐怖，美国出兵阿富汗都是一个错误。如果是我，我会对阿富汗大肆轰炸，直到它不能再成为恐怖分子的庇护所。可是派兵进入阿富汗，你要怎么在不损失生命和威信的情况下将士兵撤离？奥巴马总统现在打算在2014年年底前将部队撤出阿富汗。他应尽快撤兵，因为阿富汗的问题永远无望解决。

美国总统乔治·W. 布什出于一片善意出兵伊拉克。萨达姆是一个不理性的独裁者，他的所作所为破坏了区域乃至世界的稳定。

二　美国：陷入困境但优势仍在

美国有充分的理由去除掉他。但是，当美国宣布希望将伊拉克民主化时，我倒吸了一口气，那是多么傲慢自大的想法。我心想："即使追溯到《五月花号公约》的年代，美国也不过只有400年历史，它想去改变一个拥有4000年历史的古老社会？"布什被新保守派所提出的"民主的伊拉克是中东和平的关键"这一说法说服后，执行了出兵计划。新保守派的立场是根据伊拉克流亡者的意见提出的。对此，伯纳德·刘易斯教授这位受人尊敬的伊斯兰和中东问题学者表示支持。激进的民主主义分子、苏联异见分子纳坦·夏兰斯基也声援这个说法，他当时是以色列议会的议员。那是一个严重的错误。萨达姆是一个能够控制国内各种迥异力量的强人，美国人把他除去后，却没有提供或扶持能够代替萨达姆的另一个强人。这是他们应该做的。更糟的是，他们解散了该国的警察部队和复兴党，而不是利用它们来建立一个新政权。

日军在二战占领新加坡期间，他们俘掳士兵却让警察和管理者继续执行职务，因为他们知道需要这些人的帮助来治理这个地方。他们也没有罢免英国籍水电和煤气主管的职务。美国希望在伊拉克重新建立一个政府，并将这个古老的民族民主化。前者是几乎不可能的事，后者是根本不可能。

在这方面，中国的外交政策方针更为明智。中国人不认为改变别人的制度关他们的事。制度怎么样，他们就怎么样去应对，并尽量从中获取好处，而不把自己套牢。美国人的问题是，他们带着相信自己有能力改变制度的想法介入，结果是一次又一次证明他们错了，他们没有改变世界。他们可能可以改变斐济、瓦努阿图这些新兴且文明不深的社会，并且可以通过如基督教来征服它们。但是他们可以改变中国或印度吗？它们可是本身有古老传统的国家。

问：当您回想起曾见过的各个美国总统，有哪几位给您的印象较深？

答：我没见过约翰·肯尼迪，据说他相当有魅力。不过后来浮现的另一种观点是，他的政策并没有经过深思熟虑。我认为林登·约翰逊是一位强势总统。即使陷入越南问题，他也不肯放弃。于是，他投入时间和资源，因为他不希望被视为懦弱。但在国内，他是一位来自得克萨斯州很好的政治家。杰拉尔德·福特是一个平庸的总统，但他有很杰出的顾问，像亨利·基辛格和其他内阁部长，所以他算是及格的。尽管他本人并不出色，他有一支很好的团队。理查德·尼克松是一位伟大的战略思想家。可惜，他爱窃听反对派导致他下台。他给我的印象非常深，他本身就是一个思想家。我对他印象深刻是因为他担任总统之前曾来过新加坡，在与我会谈的一个半小时内，他来回走动，倾听并记下我的想法。为了使说明更简易明了，我对他说，有些国家就像树，长得高大挺拔，不需要支持；有些国家则像葡萄植物，需要依赖树才能往上爬。幸好，他没有把我这些话公开，但我觉得他是记下了。

问：您脑海里想的是哪些国家？

答：我会说日本、中国、韩国，甚至越南都是树。

二　美国：陷入困境但优势仍在

问：您认为如果尼克松现在是总统，他会如何处理美中关系？

答：尼克松会与中国建立关系，不会去围堵它。不过，他也会悄悄地部署应变方案，以防中国不肯按照良好全球公民的规则行事。在这种情况下，世界各国将被迫选边站，他会筹划将日本、韩国、东盟、印度、澳大利亚、新西兰和俄罗斯拉拢到美国这边。

问：克林顿被视为一位有魅力的总统，您的看法呢？

答：他是个有效且高明的演说者。

问：罗纳德·里根呢？您过去对他相当推崇。

答：里根，对，我很尊敬他。他没有优秀的头脑，但处事合乎情理。他总是安排能人在身边，进而制定了良好的政策。他懂得如何挑选能人，让他们为他工作。

问：奥巴马总统刚上任时，您也说他集合了一批最优秀的人才，形成一支看起来实力相当雄厚的团队。

答：但是一些重量级人物离开了。换句话说，他们不同意他的政策。没有一个总统是万事通，他必须依赖顾问。经验丰富的顾问这样——离开他不是好迹象。换句话说，他们说服不了他。

问：您对两位布什有什么看法？

答：老布什思想比较周到。小布什也许是受了意识形态的影响，导致美国陷入伊拉克和阿富汗战争，造成很大的损失。最后，他们的声誉大受挫折，不得不离开。即使如此，我曾与一名欧洲领导人有过争论，他说："我们欧洲人不喜欢小布什那种自以为在替天行道的做法。"我回应他说："要是你的对手是一个相信自己是神的代理的狂热分子，相信你也有上帝站在你这边是有助于让你安心平静的。"小布什宣布他已下令攻打巴格达时，我从没见过一个人这么镇静。他对着麦克风简短发言后，掉头就走，腰背直挺，没有一丝犹豫。我心想："这是个不错的指挥官。"

问：就外交政策来说，新加坡认同小布什的伊拉克战争。您对我们采取这样的立场后悔吗？

答：我们是美国的安全合作伙伴，因此可以买到其他国家买不到的武器作为回报。我们必须支持它。

问：如果伊朗不开始就其核计划与国际社会合作，美国可能攻打当地的军事目标。这个话题已经断断续续持续一段时间了。您认为可能吗？

答：如果伊朗被轰炸，中东局势将极为动荡，因为沙特阿拉

二　美国：陷入困境但优势仍在

伯将向巴基斯坦购买炸弹，埃及人也会去买，而轰炸的必然结果是相互摧毁，只有理性的人能想到这样的后果。要按捺这股冲动，我不清楚中东有理性的人够不够多。事情可能会一发不可收拾，而余波可能震及五大洲。不过，美国不太可能动武。真正关心的是以色列人，他们才是直接受到威胁的一方，伊朗说过要对付以色列。如果美国想动武，较可能的情况是它向以色列提供武器。

问：那只剩下吉米·卡特。

答：对于他我说得够多了。"我的名字是吉米·卡特，我是来竞选总统的。"就这样，他当上了总统。

问：您似乎比较看重共和党总统，这是不是一种巧合？

答：可能是因为他们比较注重外交政策。不是因为他们是共和党人，而是因为他们对大国在外交政策上应扮演什么角色比较有意识。

问：您提到美国能够吸引移民是它保持全球竞争力的原因之一。但是，移民也带来一些不安。例如，拉丁裔人口占总人口的比例预计显著增加，这可能会改变美国社会的本质。

答：是的。现在的问题是，在文化上，你要把西班牙裔盎格鲁–撒克逊化，还是他们把你拉美化。如果他们在一起群居，这对美国是真正的考验。

问：随着中国经济实力日渐增强，东南亚国家会不会面对一种危险，即过度依靠中国经济，使得中国只要威胁要与我们断交，我们就会痛苦得不得不有求必应？我的意思是，就如现在台湾经济对中国大陆的依赖，它已无望宣布"独立"。

答：情况不完全一样。台湾是一个情感、民族的问题。它是中国的一部分，是一个先后让荷兰、葡萄牙和日本占据的省。他们一直认为这是国耻，因此想要收复。然而，我们与他们之间没有历史纠葛，他们没理由会想要控制我们。

问：虽然这么说，我们面临过度依靠中国经济的危险吗？

答：你必须做出选择。正如我所说，我不预见新加坡得靠中国经济生存。如果我们只会讲华语，就不会有今天的新加坡。即使中国再强大十倍又有何不同？它会使我们强大十倍吗？不会。我们的繁荣是因为与全世界接轨。

问：但那是过去。

二　美国：陷入困境但优势仍在

答：未来是一样的。我们不是海南岛，我们不是别无选择的香港。距离、身份认同使得他们别无选择。我们是处在一个十分多元化的群岛中心，拥有丰富的天然资源，世界会到这里来的。

问：要是他们在某个时候对美国在这里的物流枢纽提出反对呢？

答：不，他们怎么可能这么对我们说？这太粗鲁了。如果他们要求停止这里的物流基地，我们的答案会是："这里的物流基地也欢迎你们使用，请把装备储放在这里。"

问：所以我们会同时接待中国和美国。

答：何乐而不为？

欧洲

衰退与分歧

欧元的根本问题是，如果财政尚未整合，就不可能实行货币一体化，尤其是当一个地区同时有德国与希腊这种消费和节俭习惯如此迥异的国家。这样的不协调最终将破坏整个制度。因此，欧元注定会困难重重，灭亡早已存于其基因。欧元过去几年的问题，不应被看作是因为一两个国家的政府做不到量入为出，或者是其他国家未能提醒它们入不敷出的危险。也就是说，欧元的困境并非只要是几个相关国家在实行过程中，作出了不同的且更负责任的决定，就可以避免的一起历史事件。相反的，这一历史的必然性只是在等待着某个时机发生。即使问题没有在 2010 年或 2011 年达到白热化，它迟早还是会在某个年份，因为其他情况而再度濒临危急关头。

所以我不相信可以挽救欧元，至少不会是在现有 17 个国家都还在一起的情况下。

自欧元计划开展以来，思维清晰又备受尊重的经济学家，如哈佛大学的马丁·费尔德斯坦教授，就对它内在的矛盾敲响警钟。英国没有加入，因为英国人不认为这行得通。对于欧元的好处，他们不是很信服；而对于欧元的危险，他们则有充分的认识。虽然那些政府以及选举它们的人民在1999年加入欧元区时，都热切盼望单一货币的到来，但是他们并未准备接受财政政策上的整合，因为那显然表示将丧失主权。他们最终还是选择了推行欧元，这折射出一种错误的信念，以为欧洲比较特殊，可以化解矛盾。那是一个政治决定。

在美国，一种货币可以在50个州使用，是因为它有一个联邦储备局和一个财政部长。一个州一旦出现经济困难，中央可以通过对该州人民的社会支出以及展开政府项目，对它实行慷慨的财政转移。联邦政府从那个州征收的税款，是不足以支付联邦政府拨给它的支出的。如果有人记账，该州的财政多年来可能处于赤字状态，但正是因为没人在记账，所以这个情况可以持续。其他州的美国人把那个州的州民当作同胞，所以并不要求他们偿还这笔钱。实际上，那是一份礼物。

当然，另一个极端也能行得通，也就是欧元体制前的欧洲。每个国家有各自的财政部长并自行管理本国货币。按照此制度，当一个国家经济放缓时，因为不受制于一个共同货币，它可以推行因应的货币政策。这些措施，包括美国人称之为"量化宽松"的扩大货币供应量，以及让货币贬值，使该国的出口更具吸引力。但是，在欧元区国家加入一个货币共同体后，等于是放弃使用这些工具。而它们在形成货币共同体后，也没有确立某种机制——不论是类型还是数量，可以实现相当于那些美国不景气的州能够接收的预算转移。

三 欧洲：衰退与分歧

所以，当一群杂牌军尝试听命于同一个鼓手时，结果是什么？这就是欧元区面临的情况：有些国家迅速发展，其他国家挣扎跟上。在经济上掉队的国家，即使政府税收减少，在选举压力下还是被迫保持甚至增加公共开支。预算赤字必须通过在货币市场举债来融资填补。由于贷款货币是欧元，而非比方说德拉克马（希腊在2002年之前的货币单位），借贷的利率相对较低，因此挥霍浪费的情况继续下去。希腊最终成为这种衰退的最极端例子，赤字越滚越大。说句公道话，整个欧洲货币联盟必须承担一定的责任。按照《稳定与增长公约》规定，欧元区国家政府如果连续出现财政赤字，须受到一定的制裁，但实际上这些制裁从没有实施于任何一个国家。

过去一段时间，始终保持乐观的专家还希望这些国家的政府能通过削减福利项目、改革税收制度、放宽劳动力市场规则，或延后民众退休的措施，来拉近与较强的国家如德国的竞争力差距。但这些都没有发生。直到2008年的全球金融危机，情况终于开始急转直下。宽松的信贷枯竭了，对于像希腊政府的信誉，市场的信心开始下滑，导致其借贷利率飙升。德国和欧洲央行被迫干预，提供紧急援助，以阻止债务危机向整个已垂头丧气的欧元区蔓延。

截至2013年6月，在拨出足够的钱之后，欧元区总算是避开了灾难。不过，17国政府必须面对一个更棘手的问题，即它们要怎么解决没有整合财政下货币一体化这个欧元计划的根本矛盾。它们可能暂时不去碰这个问题，但是它们明白不可能无限期拖延下去，否则历史会重演，另一场危机会到来，紧急援助的资金将更庞大，到了紧要关头，德国可能得负担这些费用。与其拖延，倒不如迅速采取行动，尤其是拖得越久，选民对债务危机的痛苦和恐慌记忆会渐渐消失，而果断采取行动的政治意愿也会随之减弱。

不幸的是，当前没有一个选项是容易的。最明显的解决方案是让欧洲人接受财政政策的整合，让欧洲央行变成另一个联邦储备局，由一名财政部长监督全体欧元区国家的预算，而不设个别财长。这将使欧元区迈向欧盟支持者口中的"前所未有的紧密联盟"，使欧元区看起来更像美国。这种情况会发生吗？选民愿意把本国制定预算的重要权力交给一个中央机关，并相信它所作出的税收和支出决定将对各国公平，同时有利于作为一个整体的欧元区吗？这个可能性非常小，老实说，我不认为这会发生。但如果真发生了，总的来说，这大概是对世界最好的结果。

比较可能却不太理想的结局是欧元区解体，让各国回归本身的货币。对所有相关者来说，这将是痛苦和混乱的。假设你是个希腊人或葡萄牙人或西班牙人，而你以欧元借钱，现在你必须以欧元偿还贷款，但以什么汇率偿还呢？加盟前的旧利率？还是一些任意设定的新汇率？解体过程将是混乱而且代价高昂的。在解体之前，银行很可能面对挤兑的风险，谣言驱使一般民众由于担心积蓄在一夜之间可能被强制换成一种新的货币，而且币值可能大大不如欧元，进而促使他们涌向银行以欧元提取存款。私人投资也会因为情况不明朗而减少；这也是为何拖拉是不利的另一个原因。对于欧元区以外的国家，特别是那些大量出口至欧洲的国家，包括中国，这也将意味着不小的经济混乱。虽然过了一段受干扰的时间，贸易最终会恢复，事情会安顿下来，但是全球经济在短期内将很可能会放缓。

在介于彻底解体和完全整合之间，还有第三个结局，就是局部解体。这个结局的情况就有很多种可能，从欧元几乎完好无损，只

三 欧洲：衰退与分歧 79

有一两个国家被逐出，到多数国家受这样那样的影响，可能一些得独立运行，其他的选择加入两三个新共同体，即专家们所谓的两个层次或三个层次的欧洲。而每一个层次会以不同的速度发展。一个关键的问题就是，会不会有一个经济竞争力相对接近的欧洲核心，足以抵抗巨大的离心力，不让核心散掉。我相信会有一个，这个核心的领导者显然是国民最勤奋的德国，但也包括比利时、荷兰和卢森堡。我不认为法国会变得像德国那样有纪律，它比较可能成为第二层次的核心。

有些人可能会争辩说，欧元区乃至其广义上的欧盟应该被看作是成功的，因为和平确实实现了，现在爆发战争是难以理解的。但是人们也可以轻易争辩说，促成和平的另有其他因素。苏联解体的后果意味着在可预见的未来，俄罗斯不会再关注在军事上与西方争雄，因为它的精力都很恰当地集中在经济发展上，未来也会是如此。此外，美国通过北大西洋公约组织的形式所提供的安全保障，已将任何可能发动自其他非北约国家的军事行动，变成不切实际。在欧盟内，德国在两次世界大战中都战败，它永远也不会想要再开战。德国人觉得已经够了，只想继续过他们安静、舒适的生活。因为这样，他们一直在尽力去迁就他人。

后世最终会将欧元的记载视为可悲的。无论是谁想为这个货币一体化计划挽回一些政治功绩，他不得不面对的是冰冷、残酷的事实。

* * *

就在欧洲试图理清单一货币的相关问题之际，这个大陆也不得不关注它相对缺乏活力的根本原因——福利社会和僵化的劳动力市场法律。这些政策在当初构思时看似好主意,接着在二战后于整个欧洲陆续出台,但是在过去几十年,这些政策已变得越来越难以为继,尤其是随着亚洲发展中经济体一一抬头。 欧洲人如果想避免持续懒散,并恢复曾经闻名一时的活力和勤奋,就必须展开大刀阔斧并伴有痛苦的改革,简化其复杂的福利制度,放宽公司雇用和解雇员工的法规。

作为一名在战争结束后到英国留学的学生,我记得曾敬佩克莱门特·阿特利政府在早期尝试为每个人提供慷慨的一辈子福利的做法。 例如,我配了一副新眼镜后发现不必付钱,对此我感到惊喜,原来费用全由国家医疗保健服务给包了。 我心想,这是一个多么文明的社会啊! 我当时还不明白这种全面供应的方式,对造成效率低下和懒散的潜在作用。 但后来,我是了解了。

阿特利政府的出发点完全是善意的。 在经历两次几乎摧毁一切的世界大战后,欧洲的政府和人民想要的是一种宁静安定的生活,有什么负担都由大家平均分担。 除了精英分子,那些在战争中以鲜血付出代价的更多是无产阶级者。 社会对底层人民有一种强烈的亏欠心理。 所以,当政治人物提出要公平,要社会福利政策来照顾失业者、病患和老人时,很轻易地就是一呼百应。

多年来,欧洲在负担这些政策方面没什么问题。 马歇尔计划通过刺激欧洲从满目疮痍的战争中强劲复苏,帮助大多数西欧国家重新站立起来。 工人的工资上涨,他们所支付的税赋足以支撑国家福利。 但是,没有任何事情是一成不变的。 对欧洲来说,世局改变了。 随着世界变得越来越全球化,欧洲的低技术工人发现他们不仅与自己人竞争,也同日本,然后是同中国和印度的工人在竞争。 出口因对手的价格更低廉而受到影响,企业则逐渐将生产中心转移到

三　欧洲：衰退与分歧

亚洲。欧洲工人的工资自然也下降。要是没有中国、印度和日本，福利社会这个制度可能在相当长的一段时间内仍然可行。但是一旦这些国家登场了，福利制度很快就变得不可持续了。

当然，欧洲人是尽力地朝提供更高价值的商品与服务的方向发展，然而一个国家在这方面能做的是有限的。你或许希望往上攀升，但是一大部分的人口未必能跟着行动，因为这涉及学习新技能，而这需要时间、精力，以及更重要的，意志。何况，日本人、中国人和印度人也有能力自我提升。这是一场不断自我完善的无休止较量，就任何特定的年份而言，你比竞争对手获得的进步通常是微不足道的。较量的结果最终是取决于一国人民的先天素质，以及国家的组织和治理方式。如果与欧洲对阵的是斐济或汤加，那么后两者或许真的无望赶上。然而，我们在这里谈的是欧洲面对日本、中国或者是印度，这又是另一回事了。

全球情况容易改变，不幸的是，法律和政策却很难。应得的利益一旦给出去了就几乎无法收回。任何政府要是有胆量尝试，人民会通过选票给予它重重的惩罚。英国撒切尔夫人用尽她所有的政治才智和资本去设法扭转政策，结果她只成功了一半。其他欧洲领导人肯定也看到了她所取得的部分成功，但是他们所面对的选民，显然没打算放弃多年来已被视为理所当然的东西。在许多欧洲国家，这已成为根深盘踞的问题。

如果福利开支停滞在一个水平，问题或许还可以受到控制。可是，这类开支向来会随着时间而增加，不只是绝对数额，它占国家总收入的比重也会上升。原因之一是民粹主义者会施压要求扩大现有计划，不过，就如瑞典资深新闻工作者乌尔夫·尼尔森所观察的，更重要的原因也许是福利制度有一种神秘的力量能"自我产生需求"。 他在2007年一篇有深刻见解的文章中写道："福利会催生客户，工伤保险会带来受伤，难民政策会引来难民；允许人们在退休年龄前退休会造成人们提前退休。"换言之，这些欧洲国家的一些理性的公民，无论是自觉还是不自觉地，最终会设法战胜这个制度。 据说某些情况是，有些人一边领取的失业救济金可多达他们最后支取薪金的四分之三，但另一边又同时在非正规经济领域中从事兼职工作。 这样他们领的是两份收入，而由纳税人承担损失。

根据经济合作与发展组织统计，截至2007年，经合组织的欧洲成员国的政府社会支出，平均占国内生产总值的23%以上。 在一些国家，这个数字显然更高——意大利25%、法国28%。 相比之下，经合组织的非欧洲成员国在社会支出方面，平均只投入占其国内生产总值的17%。 美国和澳大利亚的比率则为16%。

不过，福利社会最坏的影响，不在于其僵化或难以为继的本质，而是它削弱人们努力奋斗的动力。 如果社会保障体系设计成不管一个人努力工作还是悠闲过活都能得到同样的好处，那他为什么还要努力？ 他根本没有向前走的推动力。 美国人自力更生的态度比较普遍，因为就算失业者获得了援助，也有措施确保他们会积极甚至被强迫去找工作。 那是一套不同的理念，其基本原则是工作将使个人和社会更好，而支撑这套原则的信念是，过度慷慨的福利往往会削弱并在无意中抑制人们奋斗的动力。 欧洲模式造就了一个习惯于津贴的阶层，因此他们缺乏强烈的工作热情。

除此之外，欧洲对于不必要的严格劳动力市场规定也没打算让步，包括管制公司裁员、最低年假等。 目前的新经济格局越来越讲究灵活，它偏在这个时候更加固执己见。 法国及周边国家的工会和社会主义政党，还在尽量延续那个神话，即在经济不受太大影响的

三　欧洲：衰退与分歧

情况下，工人可继续拥有过去的福利。当地学生也要求享有同父母一样的安稳工作权利，换言之，他们要求的是世界为他们停止转动。他们没有意识到的是，这些措施最终伤害的是劳动阶级本身。因裁员而受罚的企业理性地作出反应：尽管经济增长苗头再现，它们雇用员工时更加谨慎。工作是有，只是去了别的地方。

统计数据证实了这一点。在 2008 年，以过去十年平均失业率计算，十大劳工法最自由的欧洲经合组织国家当中，八个同时跻身失业率最低的前十名。相对的，十个劳工法最严苛的国家当中，七个登上了十大高失业率排行榜。

但是，现在你要怎么去改变这些政策？工会走上巴黎的街头游行，怎样都不相信全球的竞争力量已经使得雇用法国工人不再合算，从而必须要他们放弃额外福利。他们会说："不，我们要保留这些福利，然后再设法竞争。"

我从一开始就确保新加坡不会沿着这条福利和劳工法的路线发展。见过英国人在上世纪 50 年代如何实施一些政策，我肯定那将通往毁灭。我们不允许工会危及国家竞争力，而是通过劳资政这个基于非对抗性谈判的三方关系，去与工会建立关系。我们终止所有免费配药的做法，确保收费慢慢贴近现实。我们提供的是资产，不是津贴。政府协助你买房子，并填补你的中央公积金①户头。你可以选择花完这笔钱，但是当你退休而身无分文时，你得自己面对后果。相反，如果你不乱花这笔钱，让它增值并赚取利息，长期而言，你将获益。换句话说，每个人必须负起各自生活的责任，政府会从旁提供一些协助。我相信，要是采用了欧洲制度，我们的经济

---

① 中央公积金（CPF）是新加坡的退休金制度。它建立在个人账户的基础上。

将失去不少活力，并将因此付出沉重的代价。

在欧洲前方的是苦日子。由于独特的历史情况，欧洲人选择了福利和劳工保护的发展道路。谁都不能否认，比起美国，欧洲人的这种选择造就了一个比较温和的社会，底层阶级比较少，成功者和失败者之间的差距也较小。然而这是有代价的。如果他们放弃这些政策，他们的国内生产总值大概每年会多取得1%至3%的增长。在一段时间内，许多欧洲人的生活仍将舒适，因为他们在年头好的时候积累了储备。但不管他们是否乐意，他们在战后为自己创造的舒适和受到百般呵护的世界，最终会被外部力量弄垮。届时，他们就得协商一个新的社会契约。

*　*　*

与欧洲大陆的许多国家相比，一组情况不同的北欧国家在面对一些问题时，受到的打击较轻。在我看来，对于这些斯堪的纳维亚国家应该做完全独立的分析，因为它们是自成一格的。

主张福利制度行得通的人往往会举瑞典、挪威和丹麦的例子，尽管这些国家广泛的社会安全网开支都由政府支付，资源浪费的情况并不普遍。因此他们的结论是，举法国、意大利和西班牙为失败的例子，只是反对福利主义者提出的挡箭牌。

对于这样的论点，第一个反驳是，有证据显示，即使是北欧国家也无法完全避开社会主义政策的代价。例如，瑞典在2011年的失业率为7.5%，比意大利的8.4%低不了多少，却远远高于亚洲的先进经济体如日本（4.6%）、韩国（3.4%）和新加坡（2%）。

话虽如此，人们应该承认北欧国家在增长方面的表现，确实明显优于其欧洲邻国。2002年至2011年，意大利和法国的人均国内

三 欧洲：衰退与分歧

生产总值（以美元计算）年均增长率分别是5.3%和6.1%，丹麦同比增长了6.4%、瑞典7.3%、挪威8.9%①。而且，它们是在同时保持高度社会支出的情况下，实现这样的经济增长的。这个现象需要进一步解释。

首先值得注意的是，相较于法国、意大利和西班牙，瑞典、挪威和丹麦都是相当小的国家。这三个北欧国家的人口总和大约只有法意西三国总人口的十分之一。挪威人口有500万，比新加坡还少。因此，无论是问题的规模、利益的多元还是治理的复杂问题，北欧国家的情况非常不一样。

不过，比规模更重要的是人口的组成，这是了解北欧例外论的关键。瑞典、挪威和丹麦的民族都相对单一，这使它们拥有一种欧洲其他地方不可能有的内部凝聚力，其人民有更加强烈的一体性和团结意识。三个国家中的任何一个都视自己为一个部族，部族成员愿意为同族人受苦。人们愿意勤奋工作，不只是为自己，也为感觉上近乎亲戚的部族成员，而不是为了一群来自世界陌生地区的游手好闲之徒。因此，即使面对福利社会为平衡预算而必须征收重税的情况，只要其他条件不变，富裕的企业大亨和个别高收入者，也不太可能离弃这个部族社会，尽管他们随时能够这么做。而且，他们都是社会上最有能力为自己和他人创造财富和机会的顶尖人才。如果是一家人，对于缴税去帮助那些不那么富有的人，你就不会持有那么强烈的怀疑态度。但是，如果你周围有大量的外国人，而法律规定在发放福利时不得有歧视，你的态度就会改变。

我在上世纪70年代访问过挪威，那里几乎是个全白的社会。

---

① 根据国际货币基金组织的数据。

这个美丽的国家有着令人叹为观止的山峰和冰川,景色迷人,十分寒冷但很安宁,我能感受到这个国家的团结。 在这样一个国度,不仅是那些有工作的人愿意缴纳更高的税,那些没工作的人也不太可能滥用福利制度,因为他们对社区有一种归属感。 也就是说,即使是靠政府救济的人也比较不懒散。

在过去几年,这一切都已经慢慢地改变。 因为北欧国家对收留难民和受迫害者采取了宽松的政策。 瑞典每年收留的难民多达2000人,大部分来自非洲国家。 目前,那里有八万多难民。 难民大量涌入会如何改变瑞典人的公有社会主义观仍然有待观察,但是如果按照其他国家的情况来看,这个人口变化的结果迟早会改变他们对于慷慨援助低收入群体的看法。 就种族而言,目前的北欧比起欧洲其他地方还是相对单一得多。

当今欧洲的社会风貌,与我在二战刚结束后到那里留学的情况很不一样。 我当年在伦敦求租房间时,得根据广告致电房东约看房间。 我在电话中对他们说:"我姓李,但我是华人。 如果你的房间不想出租给华人,请跟我说,这样我就不必白跑一趟。"李是一个相当普遍的英文姓氏,我想一开始先说清楚免得有不必要的误会。 果然,有些房东礼貌地劝我不必去了。 当时的英国社会就是这样,仍以白人为主,非白人在许多方面都受到歧视。

由于生育率下降和需要劳动力,欧洲国家这些年来已经接纳了来自亚洲、中东、非洲和东欧的移民。 移民舒缓了经济和人口的压力,但也产生了不同的问题。

德国至少有250万人是土耳其后裔。 人数之多在德国人之间引发了强烈反应,极端的当地人出于种族动机犯下的罪行时有所闻,令人担忧。 在法国,一些大城市周围,尤其是巴黎,突然形成由少数种族主导的郊区,也让政府头痛不已。因为觉得被边缘化,这些地区的居民不时制造骚乱。2005年的一场骚乱就出现失控的情况,全国近9000辆车被人纵火,使当局不得不宣布长达两个月的紧急状态。就连少数种族的大学毕业生都感觉到被边缘化和受到歧视。官方数据显示,在法国国民中,非洲裔大学毕业生的失业率比法国裔毕业生高出三倍。

到过英国任何一个主要城市的人都会觉得,英国的种族越来越多元化了。不过,由于华族社群比较不求闻达,并被视为最不会乱添麻烦,当地社会对华族的焦虑已逐渐转移到其他种族。在第一代华族移民当中,许多成了餐馆老板,他们的子女则成了专业人员。今天较受关注的是印度人、巴基斯坦人和孟加拉人,他们往往爱在某些邻里群居,没融入当地社会,一些学校甚至完全被这些少数种族占据。

种族问题因为宗教元素变得更加复杂。许多移民正好是回教徒(穆斯林),近年来,他们要求建造有尖塔的回教堂(清真寺)的呼声越来越大。这样的建筑除了会对传统欧洲建筑景观造成视觉冲击,也会加深当地人担心本身习以为常的文化和社区,正逐渐被麻烦的外来者改变的恐惧。如果这些移民是基督教徒,问题可能不会那么复杂。不管多数欧洲人现在还去不去教堂,欧洲作为一个以基督教为主要宗教的社会,当外来移民多数是回教徒时,分歧自然会出现。

欧洲人不如美国人那样欢迎移民,他们尚未成功地融合原有的移民。美国基本上是一个移民社会,所以更容易接受新来者;其清教徒先辈移民其实不过是约400年前才抵达的。许多移民攀上了美国社会顶层,如台湾出生的企业家、互联网公司雅虎的联合创办人杨致远。 欧洲则是由古老成熟的国家组成，对自身的文学、文化和悠久历史深感自豪。

过去两三年，欧洲领导人包括卡梅伦、萨科齐和默克尔，分别在各自国家宣布多元文化主义已经失败。 换句话说，落户德国的土耳其人未能成为德国人，迁居法国的阿尔及利亚人和突尼斯人也未变成法国人。 欧洲日益认为这些人难以融入社会。 虽然宗教、文化和语言都各有影响，种族还是那个抗拒融合的根本原因。 然而，欧洲也没办法停止接受移民，因为他们能满足其国内迫切的需要。 因此，我们很可能看到的一个局面是，只要情况允许，欧洲各国政府都会让移民进来，只有在选举期间，当极右政党通过激愤的言辞力压温和派对手时，才会踩刹车。 无论怎么看，他们陷进的都是一个无可奈何的两难境地。

※ ※ ※

欧洲从两次世界大战的破坏中崛起，启动欧洲一体化进程的想法似乎理所当然。 怎么说，这都是一个拥有许多共同事物的大陆国家。 他们都经历过文艺复兴和启蒙运动，进而形成一种对自我和世界的思考相似的欧洲文化。 基督教是他们的主要宗教，回溯更久远的历史，这些国家从罗马帝国的时代继承了同样的文化遗产，使他们在社会组织方面有一定的一致性。 可是，尽管有这么多共通之处，在20世纪浮上台面的却是他们的分歧和隔阂，他们因而走进一场残酷、自相残杀又旷日持久的战争，导致大量的人员死亡。 此后，融合成了欧洲领导人的核心任务。 融合代表了最可能实现持久和平的希望，是各国以共通性为基础，抛开之间的分歧，并将它们国家的命运捆绑在一起的最明显方式，这能确保以后再也不必因为

三　欧洲：衰退与分歧

有人认为的自作孽，而遭受如此可怕的后果。

确定这是项重要任务后，他们着手建立必要的机制。1951年，他们签订了《巴黎条约》，成立欧洲联盟的前身——欧洲煤钢共同体。1957年，他们就建立共同市场、共同农业与运输政策的《罗马条约》的提议达成协议。"冷战"结束后，共同体演变成了欧盟，并扩大至包括27个成员。其中的17国采纳了欧元作为统一货币。

除了和平，融合还具有其他巨大的潜力。一个在意义上整合的欧洲将拥有更大的经济影响力，更重要的是，它在国际事务上可以有更大的发言权。简单地说，这是一个更强大的欧洲。如果欧洲人进一步加强融合的努力，接受一个财政部长，甚至一个外交部部长和一个国防部长，其硬实力的提升将是巨大的。看看美利坚合众国的人民，他们基本上是迁居至另一个大陆的欧洲人，放弃了不同的语言和对原来部族的忠诚。如果欧洲的融合达到相同的程度，成了欧洲合众国，美国人所能做到的，他们也能做到。作为一个实体，欧洲的人口比美国人口（5亿对3.1亿）还多，经济规模也比美国大六分之一。这样的欧洲在角逐世界领先超级强国的竞赛中，肯定有获胜的希望。

可惜，所有的迹象都指向欧洲不可能完全融合。欧洲国家迄今未能成功让单一货币行得通，要进一步发展到单一外交政策或单一军队的可能性更小。欧洲国家有各自可追溯到好多个世纪前的历史，每个国家对自身的传统深感自豪。尤有甚者，它们都想保留本身的语言，因为语言背后有着荣耀和文学。美国决定重新开始，而创建了新文学，但欧洲却无法这样做。尽管英语在其他国家已是第二语言，欧洲大陆国家永远也不会接受它作为唯一的工作语言。

那么，欧洲在世界占着什么位置呢？它在国际舞台上将只是次要的演员。面对美国、中国和未来也可能成为大国的印度,欧洲终将沦为配角。大部分欧洲国家将理当如此地被视为普通的小国。尽管德国因为在大屠杀期间杀害了600万犹太人而仍然充满内疚,所以不希望当出头鸟,但基于其人口和经济成就,德国可能还是可以独自发挥影响力。英国也因为与美国有特殊的跨大西洋关系,而将保有一定的影响。

除此之外,在与美国、中国和印度同桌而坐的格局中,欧洲难以指望能有什么作为。一些欧洲领导人可能不愿意承认这一点,毕竟他们仍怀有自尊自大的历史感,而且长久以来在国际事务的博弈中,他们也确实相当有经验。但无论如何,这都是4000万、5000万或8000万人口的国家在与13亿人的中国及12亿人的印度较量。一个分化的欧洲是更容易应付的,对中国来说,更是如此。中国只需要处理与个别国家,而非一组国家的关系。每一个欧洲国家对中国的依赖,肯定比中国依赖它们更甚。随着中国经济逐渐转为由国内消费驱动,情况更将如此。

然而,欧洲的国际话语权减弱,不会造成其生活水平出现同等程度的下降。如果它能承受欧元终结的冲击,就可以回到过去。尽管欧洲在国际事务上失声,这个大陆上的国家所拥有的高水平教育和技能,足以让欧洲人过上好生活。个别国家将有些衰退,但会根据自身的竞争力水平达到一个稳定的状态。欧洲人的生活还是能够过得很开心的。

* * *

我是带着感伤而非嘲笑去写关于欧洲无可避免的式微的。我不想贬低欧洲,欧洲人是非常文明的民族。没错,他们曾是殖民

三　欧洲：衰退与分歧

者——法国人、比利时人、英国人和西班牙人，但是法国通过其文明教化使命，将文明传授给了非洲人。就整体来说，英国也将制度留给了它的殖民地，包括新加坡。我们有法治，有法规，有英语，这些都帮助了我们成长，而我们也没糊涂到要去改变这些制度。英国的制度本来就行之有效，我所做的只是确保不去颠覆，而是强化这些制度。

与这形成鲜明对比的，是在刚果留下烂摊子的比利时人。他们到那里开采原材料，但是到了该离开的时候，他们任由刚果深陷部落之间的战争。这个国家至今还未脱困。在几内亚，戴高乐则是对深具影响力的解放运动先驱艾哈迈德·塞古·杜尔气愤得咬牙切齿，所以才在临走前下令把所有的电线和电话线扯掉。因为这样，几内亚迄今仍处于困境。法国并不是如此对待所有殖民地的，它会这样对待几内亚，是因为塞古·杜尔侮弄了法国政府。塞古·杜尔也因此继承了一个无法运转，而他又始终无力纠正的制度。

这些事情是重要的。如果英国留给我的新加坡是如法国或比利时那样的状况，我不确定我有能力将新加坡建设成今天的样子。英国人离开时不失风度，末任总督顾德将总统府主楼完好无缺地移交出来，一切都井然有序。他拉着我，为我一一介绍管家之后才离开。之后，他去了北婆罗洲一会儿，然后退休了。对于英国的制度及其有风度的离开，我们应该心怀感激。

问：您如何看待个别欧洲国家的发展？例如，德国人在过去十年做得非常好。

答：是的，因为他们量入为出，而且工人技术水平高。世界一些最好的机器是他们生产的，包括最好的汽车——奔驰、福士伟根（大众汽车）、宝马、保时捷。德国会继续发展得不错，因为他们的社会本质是如此。他们几乎征服了整个欧洲，他们有冲劲也准备随时组织起来。要不是有丘吉尔和美国人，要不是它愚蠢地去攻打苏联，希特勒已经征服欧洲，所有人都在说德语了。

问：您认为20年后的英国会更有活力还是更没有活力？

答：它将是不好不坏。英国曾经建立一个大帝国，二战后因为美国人而被迫放弃。在失去印度、巴基斯坦和孟加拉之后，其余的已不重要了。要是你看看澳大利亚、新西兰和加拿大这些曾经效忠英联邦的成员的态度，英联邦现在对它们来说已经无关紧要了。在它们眼中，重要的是美国、北约，以及太平洋地区相当于北约的非正式组织。它们靠拢的是下一个强国，一个它们自认在文化和地缘政治上拥有共通性的国家。

问：假设欧洲没有成功地融合成一体，而中国发展得可称霸亚洲，欧洲对于东南亚包括新加坡，会不会变得越来越无关紧要？

三 欧洲：衰退与分歧

答：已经有人以漫画方式将欧洲讽刺为博物馆了。不过，我认为那里是一个非常文明的地方，如果你问我周末想在哪里度假，我会说法国。为什么？因为你在那里可以过一种十分优雅的生活。即使法国人给不了你可媲美德国那样的生活水平，他们还是能让你过上好生活。我在欧洲时，周末喜欢去景色迷人的法国郊野。法国每个城市大亨都有一个葡萄园，由底下还有一个工人的乡绅农夫看管着。葡萄园获得欧盟共同农业政策补贴。那是一种令人非常享受的生活：食物好、环境好，饭后还可午睡。今天的法国已不再追求荣耀。我不认为德国有这样的生活。不过，每个国家的个性和特征都是经过几个世纪才形成的。

问：欧洲是如何创建这样一种美好生活的？

答：它们比中国，比其他国家更早工业化，并且统治了世界的其他国家。英国有大英帝国，法国有法兰西帝国。比利时这个人口少于500万的小国，拥有矿产资源丰富的非洲大国刚果，并肆意开采矿产。后来，非殖民化浪潮来了，它们威风不再。帝国时代这种欧洲主宰世界的方式已不复存在，至少不会再以同样的形式出现。它可能会以其他形式重现，例如在经济上，中国在世界某些地区可能占据主导地位，但这不是真正的殖民统治。

问：俄罗斯能在一个分裂的欧洲发挥更大的作用吗？

答：我不这么认为。俄罗斯自认是个大国，有九个时区，疆土广袤、资源丰富。过去，苏联是一个安全威胁，但今日的俄罗斯要保持强国地位会有困难。它的人口下降，经济依赖石油和天然气，也没发展出真正的社会经济。人们酗酒，妇女不多生育，都折射出一种普遍的悲观情绪。

问：债务危机之后，一些欧洲领导人认为，欧洲问题的解决方案之一在于紧缩政策。但是在一些国家，民众通过选举将那些鼓吹紧缩政策的领导人拉下台，例如法国，萨科齐在2012年寻求连任失败了。

答：在民主体制中，反对紧缩措施是一种自然反应。有人站起来宣称："我们不必紧缩。"选民决定给他一个机会。那好吧，让我们看看他们是不是真的不必勒紧裤带。如果他们真的不必这么做，那选民就做对了选择，一切都会好起来，而萨科齐就是无知的。但如果他们必须勒紧裤带，那问题来了，他们又回到原点。

问：您认为他们需要紧缩措施吗？

答：如果不是深信有这个必要，理智的法国和德国领导人怎么会坚持带着一项不受欢迎的措施去选举。法国选择了改变，德国却没有，德国人十分支持默克尔。我不认为奥朗德总统能够改变默克尔的想法。法国人只是取易舍难。

三 欧洲：衰退与分歧

问：一些专家，尤其是来自美国的，认为在危机时刻采取紧缩政策是最不可取的解决方案。他们认为尽管从长远来看，紧缩政策或许有必要，但在短期内推动增长才能刺激经济。您怎么看？

答：在这两种方案之间，与总是乐观地以为明天会更好的美国人相比，我相信欧洲人更清楚自己的问题。

问：您认为他们应该信守一个基本上由德国促成的协议吗？这就是欧洲国家的出路？

答：那是最好的出路。默克尔和德国人不傻。因为自律，他们是欧洲最成功的国家。

问：他们这样做不是为了德国自身的利益？

答：不是，他们希望法国和其他欧元区国家成功，因为他们希望欧元成功。

＊＊＊

问：我们再来看看社会课题，在鼓励生育政策方面，欧洲有什么是新加坡可以借鉴的吗？

答：要改变生活方式哪有这么容易。瑞典每个家庭几乎都有两个孩子，这是因为他们是一个民族单一的社群，并有相关的支援政策——幼儿护理、幼儿园和直到成年的各种好处。他们能做到这一点,因为他们认为他们都是同一个部族,愿意为彼此牺牲。你要怎么复制这些?法国在一定程度上是做到了。

问: 对于斯堪的纳维亚国家,您提出了"一个部族"理论,即因为他们基因相似,所以凝聚力强并支持福利政策。您认为这个理论适用于日本和中国这两个种族也相对单一的国家吗?

答: 日本人,可以。这就是为什么他们不欢迎移民。但是中国人就不行。中国不是一个单一部族的国家,而是有许许多多个民族。没错,他们都讲同一种语言,用同一种文字,但是全国各地南腔北调,没有一个中央政府可以在整个王朝执行统一政策。这就是为什么在各省各县,人们会说山高皇帝远。在各个省份,他们可以说:"在这里,我就是皇帝。"这是一个幅员辽阔的国家,不同省份的态度非常不同。

问: 与您在上世纪40年代的情况比较,欧洲今天深层的种族紧张关系是否不一样?

答: 这很难说,因为我不住在那里。(荣誉国务资政)吴作栋的女儿嫁给了一名英国人,住在布拉德福德附近。他去看望长得更像白人的孙子。他告诉我,他们与邻居相

三　欧洲：衰退与分歧

处得很好。但那是因为他们是中产阶级。

问：随着中国崛起，这情况在未来会改变吗？

答：我不认为会改变。这跟中国崛起没有关系。日本战前是一个强国，但这并没有改变欧洲人对它的看法。欧洲人认为他们是高人一等的，就如中国人也相信他们高人一等。所以大家扯平了。

问：欧洲移民不融入社会的问题之一是国内滋生恐怖主义。我们看到了这方面的一些例子……

答：不，这跟融合没有关系。他们就是恐怖分子。即使融入了，他们还是会成为恐怖分子，因为他们是通过互联网自我激进化的。

问：关于针对移民的强烈反应，以及极右政党在欧洲政治中崛起，您会担忧吗？这可能促成一个不友好又分化的欧洲。

答：这些裂痕是早就存在的，现在只不过是加剧了。即使移民只占社会的百分之五或六，裂痕也会存在。你看，世界可以划分成几个种族：白种人、黄种人、黑种人、棕种人；你只能在同种人之间交往融合。例如，如果一个中国人娶了日本人或越南人，他们的孩子可以被看作中国人、越南人或日本人。

问：在您过去50年见过的所有欧洲领导人中，谁给您的印象最深？

答：这不好说。从历史上看，丘吉尔是鹤立鸡群的，他是一位伟大的领袖。在德国面前几乎是毫无胜算的时候，要不是他顶住了压力，坚持抵抗，世界的发展会很不同。他的态度是反抗到底的。"我们将在海滩作战，我们将在敌人的登陆点作战，我们将在田野和街头作战，我们将在山区作战。我们决不投降。"他这场演讲有些口齿不清，但是他坚定不移的信念感染了英国人民。法国人没有这样的领袖，所以屈服了。贝当元帅从退休中被召回出任法国总理，最终选择了成立维希政权。在那段历史中，温斯顿·丘吉尔完全是独一无二的。没有他和英国皇家空军，英国早被德国空军打垮了，是他灌注给空军机师的精神拯救了英国。然后日本人袭击珍珠港，把美国人拖进战争。这算是他运气好，但是他靠自己也撑了一年。

(四) 日本、朝韩和印度

日 本
走向平庸

日本眼前最严峻的挑战是人口问题。它的人口正在迅速老龄化，生育率也达不到人口替代水平。其他如经济停滞不前及政治领导班底虚弱等问题，相比之下是小巫见大巫。日本若不解决人口问题，前景将非常黯淡。

摆在眼前的，是发人深省的数据。日本女性的生育率为1.39，远低于2.1的人口替代水平。1950年，日本每名年长者由10名劳动者供养，随着生育率下降，这个数字近年来却减少至2.8人。这样的趋势预计还会持续——到了2022年，将进一步减少到2人，2060年则可能降至1.3人。届时，日本的年轻工人或许就再也无法承受负担而选择离开。日本人口在战后的65年间从7200万人增至1.28亿人，却在过去三年不断下降，目前为1.275亿人。随之而来的必定是经济萎缩。这样的情况确实难以为继。

在文化上，日本女性多年来接受在家庭和社会所指定的角色。她们相当乐意在家中生儿育女、侍奉长辈以及管理家务事。然而，当她们有机会到国外旅游、同世界各地的人接触,并体验到工作所带来的自由和经济独立的好处后,态度便有了彻底的转变且不可逆转。 例如,新加坡航空公司的一些日籍女职员就嫁给了新加坡籍空中服务员。 她们因此看到新加坡女性是如何生活——无须和公公婆婆同住,也不会被丈夫呼来喝去。 日本社会尽其所能阻挡改变的浪潮,让女性在经济上继续依赖男性,但并不成功。 日本女性在一两代人的时间内摒弃了在旧社会所扮演的角色。 她们经过一番盘算,认为已不值得再恪守成规。 她们不想被孩子拖累,有许多人因此选择单身,另有一些人选择结婚而不生育。 更无助的是,相当多的日本雇主也不愿与时并进。 这些日本公司非但不像瑞典雇主那样想办法让女职员兼顾孩子和事业,反而将离职生产的女雇员调降为临时员工。 这么一来,对于那些有抱负、有前途,又或者想要拥有与职业相称的全职收入的女性来说,生儿育女的代价就太大了。 即使她们当中有许多人想生育,也没有勇气跨出这一步。

新加坡也面对低生育率问题,情况和日本的没什么不同。 但其中有一个关键的差别:新加坡引进移民,稍微减缓了这个问题,而日本却对接纳外国移民极为抗拒。 由于保持种族纯洁性的观念是那么根深蒂固,日本人从未尝试公开讨论其他选择。 无论是对日本公众还是政治精英而言,一个多元种族的日本都是无法想象的。

我也亲眼见证过日本人对其种族的纯洁性是何等自豪。 日本占领新加坡时,我曾在国泰大厦做过一段时间的英文编辑。 日本人每逢12月8日就会举行一种仪式,由一名士兵边挥舞一把武士刀,边以日语说:"我们日本人是天照大神的子孙。"换句话说:我们是而你们不是。 我想他们如今已不常把这句话挂在嘴边,但我不认为这个基本信念会改变。 有一名在美国出生和受教育的日本文官乔治·竹

四　日本、朝韩和印度

村,并未得到同僚完全的信任。他在日治时期的"报道部"(即日本人的新闻或宣传部)任职,专门管理像我这类处理外电的编辑。他为人温文尔雅。

恪守这样的信念将带来严重的后果。这意味着,让日本走出人口老龄化困境最合理的解决方案,可能自动地被排除。比方说,假如我是日本人,我会尝试吸引外表和日本人相似的民族移民到日本来,并尽量让他们融入社会,包括中国人、韩国人,甚至是越南人。实际上,日本已拥有这样的一个群体,在那里居住的朝鲜族有56.6万人,华族则有68.7万人。他们能说一口纯正的日语,在生活习惯和言行举止上也已完全被同化了,并渴望入籍成为日本公民。的确,他们当中有许多人都是在日本土生土长的。不过,日本社会并没有接受他们。

要彻底了解这种狭隘思想的极端性,我们可把视线转向另一个不被日本社会接受的群体:来自拉丁美洲并拥有纯日本人血统的日侨。数以万计主要来自巴西的日侨自上世纪80年代开始,趁日本政府放宽移民政策时回归,并期望自己能成为解决日本人口老龄化难题的答案。他们的祖父母或曾祖父母在上世纪20年代移民到巴西,到那里需要大量劳动力的咖啡种植园寻找工作机会。他们则走上与先辈相反的道路,漂洋过海回到祖父母或曾祖父母所离开的家乡。只是,这个试验失败了。由于这些日侨是在一个全然不同的环境下长大,因此同一直在日本生活的血缘亲属有着强烈的文化疏离感。他们被视为外国人。日本政府最终在2009年经济危机达到巅峰时,为失业日侨提供一笔安置费,让他们回到巴西生活。若换作是另一个对外国人持有不同态度的社会,这个试验或许会成功。日本政府在推行这项政策之前,也必定相信它有成功的可能,只不过连政府也高估了日本社会的容忍度。

外国人比率目前占日本常住人口的不到1.2%，低于英国的6%、德国的8%和西班牙的10%。鉴于日本社会的单一性，一些因为父母在海外工作而从小在外地生活的年轻日本人，即便是上过日本人学校，回国后也感到难以适应。日本人在日常生活中多用非言语的沟通方式，迫使他人必须靠观察身体语言和喉音来揣摩他们的本意。要让这样的国家考虑以吸引移民来解决人口问题，还需要很多年的努力，也需要人们彻底改变态度。我怀疑日本还能有多少年的时间，去面对这个人口问题。如果日本人再把问题搁置10年至15年才来解决，到时恐怕已是在走下坡路，回天乏术了。

日本已经历了两个"失落的10年"，眼前又进入第三个。1960年至1990年间，日本国内生产总值的年均增长为6.2%。日本人民从战后的废墟中重新振作起来，在美国人的帮助下刻苦耐劳地把国家建立成世界第二大经济体。当日本商人在西方国家积极抢购房地产时，有分析师一度惊慌警告，日本企业大集团将在经济放缓的发达世界称雄。这和今天一些人对中国的看法没有什么不同。然而，日本的资产泡沫在1991年破裂，经济从此长期陷入低迷。日本国内生产总值的年均增长自1991年以后便只有微不足道的1%。在我落笔之际，日本又迎来了第三个令人沮丧的10年。除非日本能尽快采取果断行动解决人口问题，否则无论政治或经济政策如何改变，都无法让它恢复一丝战后的活力。

一个国家的人口结构决定了人民的命运。人口萎缩意味着国家的力量正在减弱。年长者不会想要换掉他们的汽车和电视机。他们不会购买新的西装或高尔夫球杆。他们已拥有所需要的一切，并几乎不到高级餐馆用餐。为此，我对日本的未来感到十分悲观。

四　日本、朝韩和印度

不出 10 年，它的国内消费就会开始下降，而这个趋势或许无法逆转。这也部分说明为何日本政府在反复推出经济刺激配套后，仍没有见到太大的效果。以全球的发明专利申请计算，日本如今依旧是继美国之后发明最多的国家。然而，新发明来自年轻一代而非年长一代。就拿数学领域来说，一个人会在大约 20 岁或 21 岁时达到巅峰。没有一个伟大的数学家在过了这个年纪以后，还能取得更了不起的突破。

2012 年 5 月，我到日本参加一项题为"亚洲的未来"的国际会议。这项会议由日本经济新闻社主办。由于想了解一些日本领导人对人口问题的真实想法，我在和他们交谈时刻意将问题问得婉转一些。我没有问："你们会否接纳移民？"而是问："你们有何解决方案？"对此，他们的答案是："更多的托儿津贴和婴儿花红。"这让人感到失望。婴儿花红并不足以扭转局势。政府为鼓励人民多生育而出台的激励措施往往作用有限，因为这不是钱，而是生活方式和志向改变的问题。即使是一些看到成效的国家，例如法国或瑞典，这个过程始终是缓慢而代价高昂的。

日本人是了不起的民族。当日本东北部在 2011 年 3 月 11 日发生大地震时，日本人的反应让全世界的人感到佩服——他们在经历地震灾难后没有恐慌、没有掠夺，在满目疮痍中不失优雅和尊严，并互相关怀和帮助。我们鲜少见到一个社会在经历了这样的浩劫后，还能如此冷静、自律和有秩序。此外，日本人在做每一件事时，无论是生产毫无瑕疵的电视机和汽车，还是制作最美味的寿司，都力求完美，这种精神也是无可比拟的。日本劳动队伍所展现的团队精神，也让他们比其他国家更占优势。若论个人能力，韩国人和中国人或与日本人旗鼓相当，但说到团队精神，日本人则是举世无双。或许是日本人这些了不起的特质,让我一度相信他们在看清事情的严重性后,就会从人口问题的迷思中觉醒。毕竟,一个国家如何能眼巴巴看着邻国越发强大而自己不断衰弱,却还坐视不理?

然而,我不再相信日本人必然会及时反应过来。随着一年又一年过去,他们始终毫无动静。较有可能的是,这个国家正在走向平庸。诚然,处于中层阶级的日本人在此后的许多年,仍然能过着舒适的生活。和西方发达国家不同的是,日本并没有累积巨额外债。它也走在科技的尖端,而人民的教育水平也高。但日本人终究无法逃避他们必须正视的问题。假如我是一个年轻的日本人,又懂得说英语,我大概会选择移民。

四　日本、朝韩和印度

问：我们正在看到局势快速变化。不久以前，日本还处于迅速崛起之势。您对如今的事态发展感到意外吗？

答：我没有预料到会是这样，然而生活方式改变了。

问：您曾经说过，当日本人到了绝境的时候，作为一个民族，就会有所反应。基于文化的影响，他们会奋起反击。您为何就不认为他们能克服人口问题？

答：你说的是他们对抗外人时的情况。在这个问题上，他们是在和自己人对抗。他们的女性和男性都得改变态度，才能提高生育率。但日本女性的生活方式已经改变，不再甘心只当父母、公公婆婆、丈夫和孩子的侍奉者。她们已群起反抗。

问：这是否也表示，政治领导在解决这个问题方面表现失败？比方说，新加坡也面对类似的问题，但这里的领导人会尝试在这方面给予指引，并说服、提醒和劝告新加坡人。

答：或许是文化不同的缘故，他们不公开讨论这些事情。即使他们这么做，我想日本人的想法也不会改变。

问：那么，这是政治领导人想要行动但知道人民不愿意的问题吗？还是政治领导本身也同意人民的想法？

答：政治领导也是人民的一部分。如果整个社会处于一种萎靡不振的状态，其领导人也无法施展什么魄力。日本人知道自己处于这样的状况，却无动于衷，一副松散的样子。

问：但日本人向来不是这样松散的人。

答：遗憾的是，他们在这个问题上确实表现得如此。

问：那么，您也不认为一名英明领导的出现，能为日本带来转机？

答：是的。

问：但您也同意日本不稳定的政治格局确实于事无补。您对这种不稳定性有何解释？

答：日本政治领导权在众武士首领间轮替。日本国会中有不同武士首领所领导的派系以及他们的武士。手下的武士越多，就越有可能登上首相的宝座。我不晓得他们会不会转而投靠别的阵营。或许他们会为了谋得政治职位而这么做。但无论如何，这会造成不稳定，并无法让任何日本领导人有影响政策的机会。

问：或许日本人对人口问题是这样想的：是的，人口会萎缩，

四　日本、朝韩和印度

经济会走下坡，但如果能保持人均国内生产总值和生活水平，我们就不会有事。

答：不。一个老龄化的人口将无法维持人均国内生产总值。能让经济不断发展的是年轻人，而他们缺乏年轻人。

问：一个势力减弱的日本，会对地缘政治造成什么样的影响，尤其是考虑到中国正在崛起？

答：中国的崛起对日本人而言是太大的问题，就算他们生育更多孩子，人口还在增长，也于事无补。他们无法抵抗中国，也绝对不能再像上世纪30年代那样，试图大举侵占中国，还险些得逞。他们需要美国给予安全保障。日本人自己是无法压垮或阻挡中国人的。但假如他们和美国人联手，则能这么做。日本会继续和美国保持这样的同盟关系，但它会是势力较弱的盟友，也是一个较小、实力正在衰退的盟友。

问：那么，日本人会紧握美国人的友谊之手？

答：这是他们最好的选择。但与此同时，他们仍会到中国投资，和中国人交朋友，从中获得一些商机。

问：冲绳对日本人而言是一个难题。美国人把大多数的军队派驻那里，但冲绳的老百姓觉得，要他们为整个日本的安全背负这样的一个包袱，是不公平的。您认为美国人最终会被迫离开吗？若是如此，这将对日本的安全造成什么样的影响？

答：我无法预测日本人最终是否会支持冲绳人民的看法，将美国人送走，但这并不符合日本的利益。倘若他们这么做，美军将撤退到关岛和中途岛，而这些岛屿离日本很远。

问：您认为20年后的日美同盟会是什么样的情况？

答：这得看到时美国经济的情况。如果美国到时已无法负担这样的同盟关系，那它将逐渐淡化。若是这样，日本就得向中国低头，成为其附庸国。

问：附庸国？

答：是呀，它无法对抗中国，必须听中国的话。假如日本船只和中国船只在钓鱼岛相撞，日本船只会撤退。

问：您认为日本自卫队会走向军事正常化吗？

答：假如美国在这个区域的影响减弱，日本或许会以建立防御性核武力量作为最后手段。

四　日本、朝韩和印度

问：而这将有助它对抗中国？

答：不是对抗，而是自卫。它如何对抗中国？三枚炸弹就能将日本彻底炸毁。然而三枚炸弹不能将中国彻底毁灭。

问：北京会阻止日本走向军事正常化或发展核力量吗？

答：它如何阻止？日本有权武装自己。中国能够做的是进一步增加自己的军备。

问：中日关系一直受另一个问题困扰——那就是第二次世界大战的记忆。这个问题会久久得不到解决吗？

答：日本人曾侵占中国，并占领了它所有主要城市。若不是美国人恫言禁运石油，他们或许已吞并整个中国。倘若如此，我也不知道他们能坚持多久，因为他们必定会深陷游击战的泥沼。中国人没有忘记这件事。

问：日本人坚持他们已多次道歉。

答：他们是道歉了，但他们也同时继续参拜供奉战犯的靖国神社。

问：您曾经转述一名日本领导人所说的话，指美国人和越南人交战后，过了一段时间又能握手言和。但日本人与中国人打完仗后，过了100年也无法言归于好。

答：这场仗打了很久，从1931年就开始了。

问：您对此有何解释？

答：这是因为中国是一个非常大的国家，而一个比它小很多的国家居然想将它吞并。由于当时的中国被军阀搞得四分五裂，因此日本险些就成功了。

问：所以，两国的人民之间积怨很深。

答：我不会这么说。两国之间的贸易增长十分引人注目。日本人在中国投资。中国也力邀日本投资，以得到其技术。中国提供了一个廉价的生产基地。但二战问题是时不时可用来激起爱国情绪的工具。

问：新加坡和东南亚应该希望这两个国家的关系改善、两大经济体更紧密地联系在一起吗？

答：是的，这两个国家的繁荣，对我们来说是有利的。

朝　韩
偷天换日

我从未到过朝鲜，也从没有要到那里的强烈愿望。那是一个极不寻常的国家。即便是在中国，人民也享有某些基本权利；但在朝鲜，人民几乎与世隔绝。朝鲜自称是社会主义的人间天堂，事实上它是全世界治理得最差的国家之一，就连让人民温饱的基本要求，也无法达到。

在可预见的未来，朝鲜半岛的形势估计将保持不变，因为眼前并没有什么改变现有均势的强烈动力。关注朝鲜问题的各方，包括中国和美国，几乎都不希望看到战争爆发或和平统一的情况出现——至少在短时间内。其中的风险太大了。

朝鲜不希望重蹈覆辙，再像1950年那样向韩国宣战。他们深知自己不可能打败美国，而后者会基于战略原因集结一切所需兵力保护韩国。但即使没有美国介入，朝鲜也无法战胜韩国。朝鲜虽然推行全面先军政策，但韩国有着绝对的经济优势。若相信打仗时军备胜过一切，就是犯上日本人在第二次世界大战所犯的错误。日本人以为自己能够摧毁美国舰队,在战争中取得决定性的优势。但美国的工业产能足以让它再建一支新的舰队,甚至更多。因此,他们没用多长时间又重新站了起来,对日本展开反击。到头来,决定国家实力的是工业产能,而不是军舰和枪炮的多寡。你若光有军备,却没有强大的经济基础作为后盾,即便你能为战争做更好的准备,也未必能持久战斗下去。朝鲜人并不愚笨,他们深知这一点。

近年来,朝鲜肆意展开军事行动,不仅击沉韩国天安号军舰,还炮击延坪岛。共有48名韩国人在这两起事件中丧生。这种挑衅行为,就像朝鲜的核武政策一样,反映了其惯于采取边缘政策的作风。但我相信,尽管朝鲜人的举动看似愚蠢和毫无意义,他们还是知道有一条不可逾越的底线。更有可能的是,他们会小心衡量自己的行动,而不至于招来严厉的报复,并在这么做的当儿,在国内取得最大的利益。或许就如一些分析师所指出,这是加强领导权继承人的军事与政治威信的一种较方便的方式。

相同的,韩国人也不想看到双方骤然统一。由于韩国首都首尔在朝鲜的火炮射程之内,因此战争对他们来说是非常冒险的。所以,即便韩国或许能打赢这场仗,其首都也可能在战争中被摧毁,而韩国有约五分之一的人居住在这里。可是,韩国人也未必乐见和平统一。尽管统一是他们的长期愿望和最终目标,韩国人却认定和平统一——假如双方协议这么做——的经济代价会大得令人咋舌,因此他们宁可暂时将它缓一缓。朝鲜为韩国带来的问题,将比东德为西德带来的严重两三倍。这是因为朝鲜比东德的情况糟糕得多。而值得注意的是,德国至今仍未摆脱统一所带来的影响。说"让我们重归统一"是一回事,要说"我们会数十年如一日地接济你们,直到你们也和我们拥有同样的生活水平",则又是另一回事。韩国

四 日本、朝韩和印度

人会更希望看到朝鲜逐渐向世界开放,并在隔了一段较长的时间,或许是改革开放数十年后,才同韩国统一。

最后,曾在上世纪 50 年代于朝鲜战争中交手的两大强国中国和美国,也不会对朝鲜半岛的现状感到不满,不然对它们来说,情况可能更糟。 美国人刚从伊拉克和阿富汗两场劳民伤财的战争抽身,并已无心恋战。 虽然没有人会质疑他们保护韩国的决心,但他们必定希望局势长期保持平静。

中国则不希望看到韩朝通过战争或以和平方式实现统一。 中国人把朝鲜视为缓冲国。 统一的南北朝鲜将受韩国控制,而美军将有可能获准前往位于中朝边境的鸭绿江。 中国人极不愿意看到美军在自家门前徘徊,而这正是促使他们当年介入朝鲜战争的原因。 即使美国人同意在韩朝统一后撤出朝鲜半岛——而这是一个很大的未知数——中国仍然不会将统一视为好消息。 他们为何要看到邻国出现强大的、统一的南北朝鲜? 按常理说,邻国内部分裂,自己岂不更加安心?

因此,眼前的情况并非不稳定。 各方都会非常、非常谨慎地行动。 朝鲜问题在未来 10 年到 20 年或许仍会存在,并几乎没有什么改变。 当朝鲜老百姓能较自由地与外界联系时,局势就会有新的突破。

此时,朝鲜执意发展核武器,对国际社会造成威胁。 在这件事上,唯有中国能对朝鲜发挥影响力,然而它也没能说服朝鲜放弃核武器计划。 朝鲜政权认为,拥有核武器对其生存至关重要。 他们不完全信任中国人,因为他们看到中国人在需要韩国的科技和投资时,是如何积极地与对方接触。 朝鲜或许愿意把核武器封存,在遇到紧急情况时才启动。 前提当然是他们继续要求国际援助时,能及时地获得援助。 但要他们完全放弃核武器则是免谈。 当我尝试站在朝鲜人的立场思考这件事情时，我得出以下的结论：中国人会对我施压，但我倒下对他们并没有好处。 那我为何要听中国人的话？ 利比亚的遭遇必定让他们确信，坚持不放弃核武器才是上策。 利比亚的卡扎菲向西方低头，放弃了核武器，结果在国内爆发叛乱时，无法阻止法国和美国介入支持叛乱分子。 卡扎菲在2011年10月遭叛乱分子处决。 他的下场一定让金氏家族的成员不寒而栗。

在朝鲜举棋不定之际，韩国将继续沿着其增长道路前进。 韩国向来表现不俗，而这样的表现还能维持许多年。 它向世界，尤其是中国开放，充分利用这个巨大邻国在市场和劳动力资源方面所提供的优势。 当我在几年前走访韩国时，我所遇到的韩国商人几乎个个都在中国做生意。 韩国人也是中国最大的留学生群体。 他们学习中国人的语言，为将来建立重要的关系。 韩国人愿意协助谱写本世纪最引人注目的发展故事，而这将为他们的经济带来强大的推动力。

韩国所生产的一些产品，包括发光二极管屏幕，全球最好。 像三星、乐喜金星（LG）以及现代等韩国财阀，都能与世界上最成功的跨国企业分庭抗礼，而研究和开发新技术也是它们的强项。 对一个拥有5000万人口的新兴经济体来说，这样的成就是非常了不起的。

朝鲜族是该区域最强悍的民族之一。 这是因为，当年蒙古大军四处征战时，就止步于朝鲜半岛。 他们在渡海侵略日本时遇到阻碍，当中有许多人索性在朝鲜半岛定居。 因此，朝鲜族拥有中亚最骁勇善战者的血统。 他们是顽强的民族。 如今，我们还能在某种程度上看到他们这样的特质。 此外，他们的人民教育水平高、刻苦

四　日本、朝韩和印度

勤奋，并注重考试。他们将能保持着这样的高素质。

然而，过去的成就不能担保将来也成功。韩国需要克服社会内的一些障碍，才能继续发展。

首先，他们必须密切留意人口的总体趋势。韩国的生育率也相当低，但它比日本更愿意接纳外国人，而这就形成了明显的优势。韩国人必须不断想办法填补婴儿短缺，确保国家长期不断向上发展。

再者，韩国人若对国家的发展方向拥有较大的共识，而不是比其他社会更常陷入内部纷争，那对未来更有帮助。例如，各政党针对财阀所应扮演的角色，以及政府是否应更约束它们以重新分配财富的争论，已迫使一些企业考虑将更多业务迁至海外。这些争执将耗损韩国社会的精力和资源。韩国人若能团结地说"让我们一同攻下全球市场"，韩国就会更加富强。

问：您认为东北亚会出现核竞赛吗？

答：朝鲜或许已拥有核武器。因此，现在只待韩国也发展核武器了，而我相信它是有能力这么做的。倘若美国的经济走下坡路，无法再在亚洲部署军力，它就会这么做。因为美国如果出现这种情况，它届时将无法保障韩国和日本的安全。

问：那日本也会成为核俱乐部的一分子？

答：我想日本将会是最后一个发展核武器的国家，因为广岛和长崎的经历让日本更清楚其后果，这并不只是关系到被炸死的人，还有那些存活下来，却因血癌及其他疾病而死的人。因此，日本民众对核武器相当反感。

问：但假如日本和韩国都拥有核武器，东北亚局势不就变得更安全吗？倘若它们都拥有核武器，它们就不能向彼此宣战。

答：这得看情况。有关核武器的理论有好几种。若你能一举歼灭敌人，那么敌人的核武器就没什么作用，除非敌人先发制人。但若首轮攻击不能彻底击垮敌人，而对方还能还手，那么确保同归于尽的威胁就相当可信。

问：那您不认为朝鲜半岛在未来几十年内会有战争爆发？

四　日本、朝韩和印度

答：我想不会。这对谁都没有好处。

问：对朝鲜领导人来说，利比亚的情况可作为前车之鉴。那缅甸是否也有什么能让他们借鉴的？缅甸政权也同样改变了。

答：缅甸的将领觉得自己正在原地踏步。他们能看到泰国人所取得的进展，并认定不可以再这么继续下去，因为这样的话迟早会垮台。但朝鲜人和缅甸人不同，他们有不同的文化。那些裹着纱笼、戴着头饰的缅甸将领，怎么看都没那么冷酷和刚毅。这是一个全然不同的民族。

问：韩国对朝鲜政策在金大中的阳光政策之后就起了很大的变化。李明博总统对朝鲜就采取强硬的态度。您认为这是明智的做法吗？

答：金大中的政策并不奏效。如果是管用的话，这个政策就会继续推行，但它仅仅是让朝鲜占了便宜。李明博的政策较为合理。如果给了对方面包他们却反咬一口而不懂感谢，那何必多此一举呢？

问：对于韩国，您曾经说过，他们在大约10年前过于迅速地从军法统治转变为自由民主政治体系，让工会制造了许多问题等等。眼看韩国今日的成就，您认为他们成功转型了吗？

答：我认为他们或许可以在少了这些激进工会的情况下，以更渐进的方式改变。如今他们的工会仍然势力强大。你也看到他们是如何高举拳头、集体罢工的。这已成为他们文化的一部分。

问：一些人会说这是韩国制度的长处，是一种精力充沛的表现。

答：日本人的性格也很刚毅，但他们的工会只让成员戴上臂章抗议，从不罢工。他们将公司及国家的前景摆在自己的困难之前。韩国人在这方面态度有所不同。

印　度
受种姓制度羁绊

经过这些年，我得出的结论是中国和印度是不能相比的。中国是经过自然发展逐渐形成单一国民的。它不是一个由外人打造的国家。中国有九成人口是汉族人，而全国几乎每个人都能说同一种语言。中国有着印度所缺乏的某种凝聚力。印度境内使用的民族语言超过400种①，而在英国统治者还没到印度建造铁路将其统一之前，印度人是由不同王公、苏丹或纳瓦布（地方行政长官）管治的多个族群。鉴于语言环境的多元化，在德里，你无法同一时间向超过40%的人发表讲话（德里位于印度的印地语地区；根据2011年的人口普查，印度有41%的人以印地语为母语。而旁遮普人虽不以此为母语，但也通晓它）。印度的许多语言，例如泰米尔语和旁遮普语，在历史上毫无关联，说其中一种语言的人和说另一种语言的人可能是鸡同鸭讲。如果你说英语，那么12亿人口当中只有2亿人听得懂你在说什么。如果你会说印地语，那你就能争取到约5亿听众。如果你只会说泰米尔语，

---

① 资料来源：《经济学人》2012年2月。

那你的听众就只有约6000万人。这对印度任何一位总理来说都是很大的障碍，因为他们没有一位总理通晓所有的语言。

印度从来都不是一个单一性的实体，那是英国人想出来的概念。尽管英国统治者及印度民族主义者都尽了最大的努力，作为一个国家的印度始终是理想多过现实。

因此，我们不能把中国和印度两大文明相提并论。若问印度是否能取得和中国一样的成就，就如同问能不能把苹果变成橙子。因两国根本上的区别而产生的不同结果，也相当明显。一个能迅速将事情办妥，另一个则口沫横飞，却少有付诸行动的意志或魄力。印度就是不具备中国那样的决心和专心致志。

这种分裂的情况，也体现在印度的政治体系上。身在德里的领导人无法令各邦首席部长按中央政府的意思办事，因为他们不是靠中央领导，而是靠老百姓的选票获得委任。在中国，你得听从中央的指示，否则就得靠边站。整个国家以一致的步伐向前迈进。但印度的内部差距太大，无法像中国一样在单一制度下保持统一。

在中国成功主办奥林匹克运动会后，印度财政部长奇丹巴拉姆向国人下挑战书，让印度不是在2016年，就是在2020年主办一场规模不逊于北京奥运的运动会。这会发生吗？不管你对中国的计划生育政策（独生子女政策）有何看法，他们毕竟是执行了这样的政策。根据2012年9月的一篇新闻报道，中国人可以把七个月的胎儿拿掉。陕西省一名妇女冯建梅因为没征得官方批准就怀孕，在怀孕后期被迫堕胎。这就是中央集权体制的运作方式。你若犯规，就必须堕胎。印度人则不会尝试立下规定，更谈不上去执行它。

种姓制度使印度的情况更为复杂，这是阻碍其发展的另一个重要因素。根据种姓制度所定下的规矩，若你与比自己阶级低的对象结婚，你就自动失去原有的阶级身份。因此，婆罗门人（僧侣阶级）只会同婆罗门人结婚，吠舍人（平民）只会与吠舍人结婚，而达利人（贱民）只能与达利人结婚等等。

属于僧侣阶级的婆罗门人，以个人来看，同世界上任何人一样聪明，当中有许多人通晓多种语言。那么，种姓制度对印度造成什么样的影响呢？我接下来要提出的看法，或许不太受人欢迎，但我相信它是事实。从宏观的层面来看，种姓制度限制了各阶级基因库的多样性。年复一年，人们的总体智商会受这种孤立性的影响。中国古代杰出的官员能够三妻四妾，每到一个新的地方上任，就有机会将自己的基因散播开来。他在悬车告老后多半会选在苏州定居，因为那里气候温和，并且妻妾成群。然而印度的婆罗门人，则不能与非婆罗门人结婚，否则就会失去其社会地位。如果没有种姓制度这回事，婆罗门人就能够散播他们的基因，那印度各地拥有一半婆罗门血统的人就会明显增多。假设你所处的社会突然规定，大学毕业生若与非大学毕业生结婚，就会自动失去原来的社会地位，那你的社会最终会变成什么样子？

我在上世纪70年代首次领略到种姓制度的巨大影响力。当时我有一名属于婆罗门阶级的私人秘书，名叫A.桑卡兰。他的父亲是新加坡登路印度庙的祭司。你可以从桑卡兰的身体特征看出他是一名婆罗门人。有一回，他跟随我访问印度。当我们到了首席部长官邸时，一件十分奇怪的事情发生了。我们抵达时，桑卡兰和执勤的勤务兵说了几句话，而他们就立刻听从他的指示。他们从他的谈吐以及特征看出他是婆罗门人，因此他的话相当具有权威性。勤务兵都听他的话。桑卡兰如今虽已逝世，但此事让我毕生难忘，因为它让我大开眼界。一名不知从哪里冒出来的新加坡籍婆罗门人仅仅同一群印度勤务兵说了几句话,就因阶级身份高而得到他们的尊重。

另一件事则在约20年前发生。 当时我又到访印度,坐在一辆从阿格拉开往德里的汽车上。 阿格拉最高官员陪我前行,我趁机询问他有关种姓制度的问题。 我对他说:"假如我告诉你我是婆罗门人。 你会相信吗?"他回答说:"唔,如果你有婆罗门人的地位、财富以及举止,我或许会相信你。 但如果你要同我的女儿结婚,我就得展开最深入的调查。"我接着问他如何在像德里这样的大城市追查一个人的底细。 他回答说,德里也不尽是一片人海,一个人总得在某处落脚,因此是可被追查到的。

这些都是几十年前的事,但情况至今也没有什么重大改变。 在印度最国际化的都市里,例如孟买,种姓制度的影响或许稍微小了。 但就整个国家而论,阶级意识的降低是微不足道的。 印度或许还需要经历数十年甚至是数百年的逐渐变化,才能摆脱种姓制度的影响。

鉴于这些阻力的存在,印度和中国之间的差距将逐年扩大。 印度的人均国内生产总值(1500美元)不及中国的(5400美元)三分之一。 印度的增长率是中国的60%到70%。 我不认为他们能赶得上。 印度某些地方会因私人企业实力雄厚,而比其他地区发展得快。 孟买是一个主要的增长区。 班加罗尔是另一个迅速增长中的城市,这有一部分是因为那里有像 N. R. 纳拉亚纳·穆尔蒂这样的世界级企业家所领导的印度信息系统技术公司——印孚瑟斯(Infosys)等企业。 然而,印孚瑟斯能聘请多少人呢? 这样的活力在印度并非处处可见。

或许是因为相对缺乏机遇,又或者是因为国家潜能受官僚主义

四 日本、朝韩和印度

所限而感到苦闷,许多有才干的印度人都离开印度到国外寻找更辽阔的天空,并一去不复返。 这是印度人和中国人之间一个关键的差别。 中国人也同样蜂拥到美国,但当中有不少人会回国创业。 中国提供了印度所无法提供的机遇。 换句话说,中国人才外流的情况不比印度的严重。 选择离开印度的往往是最优秀的人才。 他们管理着世界上一些规模数一数二的集团,其中包括百事公司及德意志银行。

印度在基础设施建设这样的重要领域也处于明显的劣势。 这个国家已具有不利于投资的名声,因为它的基础设施建设包括集装箱码头、铁路、机场、通讯及宜居城市等不够扎实,不利于经商。 中国有许多日本投资者因希望分散投资而尝试到印度设立工厂或矿场,却惊讶地发现印度的基础设施相当破旧。 若是这样,你要如何把货物运来? 如何把成品运出? 中国高速公路总长度从1988年的不到100公里增加至2010年的7.4万公里,在世界上仅次于美国。 相比之下,印度高速公路总长度只有700公里。 印度政府如今计划在未来5年耗资1万亿美元加强基础设施建设。 但这要由谁来建? 如果是由印度人自己来建,这将耗费很长的时间。 比较实际的做法是发放特许权给日本人、韩国人和中国人,由他们代为建设。 这么一来,或许四五年就能建好。 然而印度会这么做吗? 我不太肯定。

我是带着难过的心情对印度作出这些观察的。 我一开始是为印度加油,因为它是一个民主国家。 但随着年龄的增长,我领悟到了两件事。 第一,民主制度并非什么灵丹妙药,它无法为所有人解决所有的问题。 第二,社会内有一些根本的势力是难以改变的,那些历史越是悠久的国家越是如此。 印度受制于其内部结构几乎无法改变的现实,并被种姓制度紧紧束缚,无法挣脱。

问：您提到印度的多元性。但印度人不分语言或阶级，在甘地和尼赫鲁的领导下团结起来。

答：不，当你说他们团结起来，他们其实是为了某个目标而团结。甘地反对缴盐税，而印度人觉得这关系到自己的利益，因此他在此过程中成了代表人物。尼赫鲁是首个世俗领袖，人民对他的期望自然很高。他的英语演说能力很强。他在1947年8月14日印度独立前夕发表的英语演讲，有个非常动人的开头："当午夜钟声响起，世界还在沉睡，印度将从梦中苏醒，重获新生和自由。"但只有六分之一的印度人听得懂这段话。出身于克什米尔家族的尼赫鲁，印地语说得不十分流利，而他也曾对这一点表示遗憾。他在英国的哈罗公学和剑桥大学受教育。

问：但尼赫鲁如今在印度是备受景仰的人物，就算不是印度六分之一听得懂他的话的人，也照样崇拜他。

答：是的，但这是留恋过去和渴望时光倒流的表现——要是尼赫鲁坚持下去，改变印度，那就好了。但随着我的年纪越大，我就越觉得伤感。我看不出尼赫鲁——即便他还活着，并还年轻有魄力——能够改变印度的结构。当我还年轻时，我以为他可以做得更多。如今，我相信他也无法再做什么，因为他无法改变根深蒂固的文化偏见，尤其是种姓制度。

四　日本、朝韩和印度

问：您过去曾经形容英迪拉·甘地为一名意志坚强的女人。

答：是的，她确实是个性格顽强的女人。

问：她在领导印度时，时而显得专制。这是否意味着印度目前需要这样的领导人？

答：我认为印度需要更强势的领导。这是因为这个国家的本质促使它面对来自四方八面的拉力。

问：印度的体制有哪些让您欣赏的长处，而那也是中国的体制所没有的？

答：他们最大的长处也是他们的短处。印度社会是如此多元和不尽相同。他们每一次发生地震，震破的石子（若把印度比喻成石子）不管怎样群起移动，都不会分崩离析，石子仍在原处。我不是说中国面对同样的情况会崩溃，但以印度的情况而言，它有不同的地方政府和首席部长，虽然不断地移位，却总能保持协调。

问：那么印度人常说的人口红利又是怎么一回事？他们的人口当中有一大部分是年龄介于 15 岁到 35 岁的年轻人。这能成为他们的经济优势吗？

答：这会给印度增添年轻的动力。印度的生育率为 2.5，比中国的高出许多。中国有一天或许会后悔不早一些放宽计划生育政策，但印度所面对的问题，是为年轻人提供足够的住屋和教育机会，以及更好的生活水平。这个国家的一些地方连学校都没有，学生得在大树下上课。因此，人口增长最终可能产生更多文盲。

问：您预计相对于美国，中国在亚洲会变得日益强大，并占据主导地位。您认为印度在这当中会扮演什么样的角色？

答：印度将在印度洋扮演很有影响力的角色。尽管（由英国人打造的）印度陆军和海军是分开管理的，但它们还是保持了一定的实力。我曾看过印度共和国日（国庆日）的阅兵仪式，那是在1996年1月到访德里的时候。整个场面非常壮观。我看到裹着高头巾、身形魁梧的拉其普特人和其他种族的士兵听从同一个总司令的指挥。海军和空军也是如此。他们是一个统一的力量，在印度洋所能展现的实力不容小觑。

问：印度社会若是如此分裂，他们又是怎么做到的呢？

答：军队是个制服单位。若你选择入伍，就得听从命令。但在政府，地方不一定听从德里的指示。更何况，国家安全比什么都重要，因此他们在国家防卫方面下了很大的功夫，其中包括安达曼群岛的防卫。虽说这些岛屿离德里有好几千英里远，但仍是他们的领土。

四　日本、朝韩和印度

问：印度也能在太平洋发挥影响力吗？

答：不，我不认为印度海军能进入太平洋。我相信中国人会尝试控制缅甸和巴基斯坦的港口。事实上，他们正在建设港口，以确保从非洲运送原材料回中国的船只能安全航行。但他们无法在印度洋称霸。

问：那美印关系呢？您认为它会朝什么样的方向发展？

答：这将一直是重要的双边关系，因为美国需要有国家协助平衡中国，而印度是唯一在人口方面与中国不相上下的国家。印度的国内生产总值仍旧比中国低许多，但其中有一大部分是用在武装部队上。但你也必须合理地看这件事。中国人已把女宇航员送上太空，而印度人则还没有这么做。我并不怀疑印度人做不到，但他们或许得花上更长的时间，而这也将耗费许多原本能用来促进国家发展的资源。但中国人这样做是为了向美国人证明：你们能做的，我也能够做。

问：我想问一个比较个人的问题。您走访印度时，有什么地方是比较吸引您的呢？

答：我有好些年没有到印度了。首先，他们说的是英语，而这较有利于沟通及建立关系。另外，印度的食物也非常美味。

问：您吃得惯印度的香料和咖喱？

答：你可以吩咐厨师不要把食物弄得太辣。但我不喜欢的是那些顶级酒店周围的非法棚户区。有一回，我入住一个印度城市新盖好的喜来登酒店，而马路对面就突出地立着一个违规建造的棚户区。这就是所谓的民主。在中国就不会有这样的事情发生。我不知道他们是如何安置无家可归的人，但他们是绝对不允许这些人在城市内胡乱搭建棚屋的。

无论世界怎么样，新加坡都得去接受它，因为它实在小得无法改变世界。不过，我们可以尝试最大限度地利用有限的空间，在本区域的"巨树"之间穿梭。

○ 美　国

（上图）1969年5月，在白宫会见美国总统尼克松。我旁边的是新加坡驻美国大使蒙泰罗教授。（下图）1983年，与联邦德国总理赫尔穆特·施密特（中）和美国前国务卿亨利·基辛格（右）在日本讨论全球经济问题。（右页）1985年10月8日，我开始对华盛顿作五天访问时，同美国总统罗纳德·里根在白宫南草坪一起出席了欢迎仪式。

（上图）1985年10月9日，在美国国会联合会议针对自由贸易发表演讲。我背后的是副总统兼参议院议长乔治·H.W.布什（左）和众议院议长奥尼尔（右）。
（下图）2002年5月24日，在总统府会晤到访新加坡的美国前总统比尔·克林顿。

（上图）2009年10月27日，在华盛顿领取美国-东盟商业理事会首次颁发的终身成就奖之前，与老朋友基辛格见面。（下图）2009年10月30日，对华盛顿和纽约作10天访问期间，在白宫总统椭圆形办公室同美国总统奥巴马会晤。

○ 中国

———————————— ✳✳✳ ————————————

　　1976年5月，在北京与毛泽东主席（右三）举行15分钟会议，列席的还有中国外交部长乔冠华（左起）、总理华国锋、通译员和我的外交部长拉惹勒南。会议地点在紫禁城西边中南海的毛主席住处。

* * *

（左页）1978年11月12日，在巴耶利巴机场迎接对新加坡作三天访问的中国最高领导人邓小平。（左上图）2001年6月8日，与中国国家主席江泽民交换礼物。他送了我一本关于中国的书，而我则回赠一本我的回忆录和一本关于苏州工业园区的书，书名是《圆融》。（右上图）2004年6月19日，在北京人民大会堂的福建厅与中国国家主席胡锦涛会晤。（下图）2010年11月14日，与当时的中国国家副主席习近平共同为邓小平雕像揭幕，以纪念新中建交20年。习近平现为国家主席。

※※※

　　1976年5月13日，我女儿玮玲（左）用她的电影摄影机捕捉我们访问中国长城的情景，电影摄影机快速连拍可给人一种看影片的效果。两周的行程，我的妻子柯玉芝（左三）一起来了。

（上图）1973年5月，在台湾日月潭度假胜地拜访蒋经国。（下图）1989年3月，在台湾与李登辉会晤，他送了我一套非常珍贵的中国文化经典藏书。

○ 欧　洲

1971年1月16日，共和联邦政府首脑会议在新加坡举行期间，英国首相爱德华·希思在英国皇家海军的无畏号军舰上设宴款待与会领导人。左起：新西兰总理基思·霍利约克、马来西亚总理阿卜杜勒·拉扎克、我、希思首相、澳大利亚总理约翰·戈顿和英国外交部长亚历克·道格拉斯-霍姆。

    （上图）1959年6月5日，宣誓出任新加坡自治邦第一任总理后，与本地最后一任总督威廉·顾德爵士一起离开政府大厦。（下图）1978年1月12日，与英国前首相哈罗德·威尔逊（右）一起访问胜宝旺船厂，一艘德国油轮正在这里一座造价5000万元的新干船坞里进行维修。

1989年10月10日,在总统府设国宴款待访问新加坡的英女王伊丽莎白二世(中)。右为黄金辉总统。

* * *

（上图）1990年5月，我最后一次以总理身份正式访问英国时和玉芝到契克斯别墅作客，与抱着孙子的英国首相撒切尔夫人叙旧。（下图）1988年4月21日，我和玉芝在罗马最大的巴洛克式特莱维喷泉前留影。

———— ✴ ✴ ✴ ————

（上图）1990年9月，与苏联总统米哈伊尔·戈尔巴乔夫在克里姆林宫举行会议，部长吴作栋（左起）和黄根成也列席。（下图）1990年，我在一次对巴黎的私人访问中，探望了曾担任法国总统和总理的老朋友希拉克。我们在1974年首次见面，之后定期交流意见。

（上图）1995年11月20日，在德国总理赫尔穆特·科尔对新加坡作三天访问期间，我们共进了午餐。（下图）2009年9月15日，与现任英国首相的保守党领袖戴维·卡梅伦在他伦敦市中心的办公室见面。

* * *

（上图）2009年9月22日，在莫斯科与俄罗斯总理弗拉基米尔·普京交谈。
（下图）2011年6月1日，同对新加坡作两天访问的德国总理安格拉·默克尔会晤，当时安排了一株新品种胡姬花以她的名字命名。

✳ ✳ ✳

2012年5月7日,我与前联邦德国总理赫尔穆特·施密特在新加坡香格里拉大酒店举行会议;我们当时三天的长谈摘录刊在本书的最后一章。

○ 日本　韩国

※ ※ ※

（上图）2006年6月9日，到四季酒店同日本明仁天皇和皇后美智子会晤，这对皇室夫妇在访问新加坡期间就下榻在这家酒店。（下图）2010年6月4日，在香格里拉对话会举行期间，我在场外与韩国总统李明博晤谈。这项在新加坡举行的年度安全峰会吸引了全球领导人参加。（右页）1964年5月30日，我在惹兰勿刹体育场举行的哀悼集会上，向为自由而斗争的已故印度总理尼赫鲁致敬。

○ 印　度

※※※

1968年5月,我将一幅画赠予印度总理英迪拉·甘地,以纪念她访问新加坡。

※ ※ ※

1971年11月23日,与玉芝和玮玲参观曾被印度诗人泰戈尔形容为"永恒脸上的泪珠"的泰姬陵。

○ 印度　巴基斯坦

（上图）2005年11月21日，在新德里举行的每年一度的尼赫鲁纪念讲座上演讲后，印度国大党主席索尼娅·甘地和总理曼莫汉·辛格赠送一份礼物给我。

（下图）1988年3月17日，我第一次访问伊斯兰堡时，受到巴基斯坦总理穆罕默德·汗·居内久（右）与花瓣雨的热烈欢迎。

（右页）1961年11月16日，在我带领群众高喊"默迪卡"（即"独立"）的欢呼送别中，马来亚总理东古·阿卜杜勒·拉赫曼（左）踏上去伦敦的旅途，就新加坡与马来亚合并进行谈判。

○ 东南亚

* * *

  1960年1月20日,在雅加达默迪卡宫会见印度尼西亚总统苏加诺(着军装者)。随我访问的代表团成员有:人民行动党议员王清杉(左起)、政务次长吴秋泉和陈新嵘、F.J.德·科斯塔(我背后)、我、我的副官哈欣·阿莫(苏加诺背后)、我的妻子、行动党议员陈志成和巴哈鲁丁。

（上图）1962年12月18日，柬埔寨诺罗敦·西哈努克亲王（右二）和他的妻子莫尼列出席在斯里淡马锡举行的接待会。（下图）1968年4月21日，在新加坡岛屿乡村俱乐部的武吉球场与缅甸总统奈温将军打高尔夫球。

✳✳✳

1973年5月31日,在一个色彩缤纷的仪式上,苏门答腊多峇湖的巴塔克人通过他们的首领(左)和印度尼西亚官员,封我为巴塔克王。

---✱✱✱---

（上图）1982年9月7日，抵达雅加达时，与我的朋友、印度尼西亚总统苏哈托互相问候。（下图）2006年2月21日，我和妻子在雅加达总统府会见印度尼西亚总统尤多约诺和第一夫人阿妮。

　　（左上图）1982年8月23日，经过就如何加强双边经济合作的两天讨论后，我和马来西亚总理马哈蒂尔在吉隆坡举行联合记者会。（右上图）1973年11月13日，副总理吴庆瑞（右）与我和妻子在巴耶利峇机场迎接马来西亚总理阿卜杜勒·拉扎克。（下图）2009年6月9日，在马来西亚作一周访问期间，到行政首都布城会见马国总理纳吉布。（右页）1984年11月26日，出席在柔佛新山大王宫举行的宴会，庆祝柔佛苏丹依斯干达（左）出任马来西亚最高元首。

2004年9月9日，与李显龙总理（左起）和夫人何晶、格洛斯特公爵理查德王子、我和妻子柯玉芝、马来西亚副总理纳吉布和妻子罗斯玛、国务资政吴作栋和妻子陈子玲，参加文莱王储比拉赫和莎拉的婚礼。

（上图）2005年1月27日，为表彰文莱苏丹博尔基亚对新加坡与文莱的双边关系作出的卓越贡献，新加坡国立大学颁授名誉法学博士学位给他。我到君悦酒店会见了苏丹。（下图）1986年1月18日，对缅甸作三天访问期间，赤脚参观了当地最神圣的大金塔。

1998年1月21日,在曼谷迟塔拉达宫觐见泰国国王普密蓬。

2009年4月16日，在河内的执政党越南共产党总部同总书记农德孟会晤。

○ 中　东

＊＊＊

　　（上图）1979年5月1日，在斯里淡马锡招待埃及副总统穆巴拉克，他从1981年至2011年担任总统。（下图）2006年3月28日，应邀到沙特阿拉伯的亿万富翁阿尔瓦立德王子（右，着灰衣戴红巾者）的度假营地作客，骑上身躯高大的阿拉伯骆驼。

○ 中 亚

＊＊＊

　　1991年9月，我和妻子在哈萨克作八天访问期间，试穿戴这个中亚国家的传统服装和羊毛帽。

○ 南 非

1997年3月5日，在新加坡会见了南非总统曼德拉，他当时正对东南亚作10天访问。

○ 个人生活

✳ ✳ ✳

（左页）1946年9月，热恋中的我与玉芝在麦里芝蓄水池留影。（上图）1985年12月17日，我和玉芝出席显龙与工程师何晶的婚礼。花童是显龙的女儿修齐，她的母亲黄名扬于1982年因心脏病发作去世，当时31岁。新加坡总统黄金辉（中，着白衣者）也出席了婚礼。（下图）1959年11月13日，我与连襟杨玉麟，他是我第一个内阁的教育部长。

1965年5月,和妻子及三个孩子显扬(左起)、显龙和玮玲在欧思礼路住家的阳台上休息,玮玲正逗玩着家里的拉布拉多犬尼基。

（左图）1959年5月31日凌晨2时45分，人民行动党在大选中取得压倒性胜利，51个议席中赢得43席，而我也成为新加坡第一任总理。（右图）1972年9月3日，沿街答谢给予人民行动党大力支持的选民，我们大获全胜，赢得所有65个议席，得票率达69.1%。

✳ ✳ ✳

2009年11月8日，阿里在他亨德申岭的家中给了我一个拥抱。20世纪50年代我还是一名律师时，曾调解现已不存在的新加坡电车公司与雇员之间的一场纠纷，阿里是这家公司的巴士司机。这是我们在那次事件后第一次见面。在我身边的是丹戎巴葛集选区议员英兰妮。

(上图)2009年12月13日,从刚建成的达士岭50楼高的空中花园眺望城市风景线,这座摩天楼组屋就建在曾是我丹戎巴葛集选区首批租赁组屋的所在地。(下图)2006年1月7日,在牛车水的新春庆祝活动上,响彻云霄的鞭炮声使我们捂住了耳朵。当时的惹兰勿刹集选区议员梁莉莉递耳塞给我们,她现在是丹戎巴葛集选区议员。

———— ✳ ✳ ✳ ————

  2010年10月6日，伴我走过63年漫漫人生的玉芝久病后于10月2日逝世。在葬礼上，我以一朵玫瑰和两个飞吻向她告别。

五

东南亚

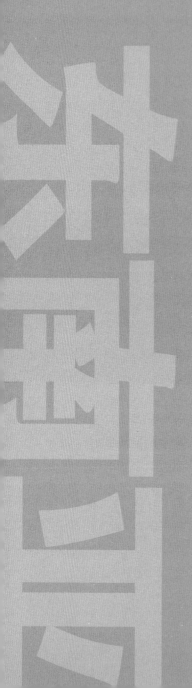

马来西亚

分道扬镳

英国人在离开时给马来西亚和新加坡留下大致相同的遗产，两国在后殖民时期的发展水平也旗鼓相当。 但是，这两个国家在1965年以后所选择的道路却迥然不同。 马来西亚选择成为一个以说马来语为主的国家，而新加坡则选择以英语作为工作语言，建立了多元种族的社会。 随着马来人口的比重日益增加，一个说马来语的马来西亚将成为更根深蒂固的概念。

在新加坡并入马来西亚的近两年时间里，我领导其他人组织联盟争取建立一个属于"马来西亚人的马来西亚"，竭力克服种族问题。 然而，此举遭遇强烈的反对，有时更引发暴力抗议。 这最终导致新加坡在1965年8月9日脱离马来西亚联邦。

我这一代人一直都相信新加坡和马来亚是一体的。 英国人在战后将我们分开，成为个别殖民地，而我们则争取合并。 马来亚领导人一开始并不想让新加坡加入，因为我们的华人多，会打乱整体的种族结构比例。英国人最终说服马来西亚首任总理东古·阿卜杜勒·拉赫曼，让他相信随着左派分子在新加坡华校日益壮大，新加坡倾向共产主义的危险实在太大。他终于同意让新加坡连同沙巴及砂拉越（沙捞越）一起并入马来西亚，以沙砂两地较低的华人比例平衡我们的影响。

但在我们加入之后，东古告诉我："你的政党不该打马来西亚马来人的主意。"新加坡当时有三个以马来人居多的选区，即芽笼士乃、甘榜景万岸以及南部岛屿，他不希望我们接触那些他认为是马来人地区的选区。然而，我们无法遵从这点，而必须依照宪法行事。宪法没说那是"马来人的马来西亚"，而是"马来西亚人的马来西亚"。我们仍旧组织了马来西亚团结总机构，提倡打造真正的多元种族国家。我们说服砂拉越、槟城和怡保的政党加入，其中有好几个马来族代表。随着总机构的实力越来越壮大，东古感到十分不快，接着我们被告知新加坡得脱离马来西亚，否则将有流血事件发生。我的内阁当中有一些人反对脱离马来西亚，特别是时任副总理的杜进才。杜进才在怡保出生，而脱离马来西亚违背了他的意愿。他想见东古，我也鼓励他这么做。但东古拒绝见他，并写信表示自己已无法控制大局。东古写道："这件事绝对别无选择。"

1963年至1965年间，我以新加坡总理的身份出席马来西亚的统治者会议。出席的统治者都是马来人，他们身穿制服，并有护剑官陪伴左右。所有州务大臣都穿着马来传统服饰，只有我是例外。这不仅仅是象征性举动，而是要表明："这是马来人的国家。你绝不能忘记这一点。"

新马分家后，我们在马来西亚尝试在种族课题上朝着不同愿景所作的努力也告终结。回首过去，我感到十分遗憾。假如东古态

五　东南亚

度坚定，摆平了马来激进分子，建立多元种族的马来西亚，让华人和印度人在警队、军队和行政机关里分享权力，马来西亚将比如今更加繁荣和公平。新加坡的成功经验，大部分也都能在马来西亚各地复制，两国的情况也将更好。

我大概是对东古身为一名马来领袖所能扮演的角色，以及其能力过于乐观了。他出生于动荡年代，是在英国人的统治下长大的，因此将所有的人——包括异族同胞，视为英国子民。他的朋友是华人。他在剑桥大学最要好的朋友是蔡承嘉，而他会打电话给蔡承嘉说："过来我这里一起享用烤牛肉和白兰地。"东古也接受新加坡的发展更迅速，并将成为马来西亚的"纽约"的现实，而他可从吉隆坡治理整个国家，并让它成为马来西亚的"华盛顿"。然而，我一开始没能意识到的是，他无法阻止马来激进分子推动以马来人为主的议程。我早该在马来西亚联邦成立之初就看清形势，尤其是考虑到他们当时为了不让华人超越其他种族的人数，而坚持让沙巴和砂拉越加入的决定。马来人既然在马来亚掌权，当然也希望在马来西亚联邦继续当家做主，确保这个国家永久属于他们。

马来西亚人口结构的变化，将使马来人特权更加难以动摇。在过去40年内，也就是打从马来西亚实行"新经济政策"开始，马来西亚华人和印度人口占总人口的比率已大幅下降。华人在1970年占总人口的35.6%，这个比率到了2010年的最近一次人口普查，已下滑至24.6%。印度人口的比率在同时期从10.8%下降至7.3%。

这样的种族成分变化是由多种因素造成。马来人生育率较高是其中一个原因。此外，马来西亚也迎来很多移民，例如移居沙巴的菲律宾人。其政府之后被指向外国人大量发放公民权，以致得召开听证会调查此事。许多华人和印度人选择离开。那些受过高等教育的人尤其常听到父母这么劝告他们:"这是你赴外国大学留学的护照。 别回来了。"

我们有40%的新移民来自马来西亚。 那些经济条件更好的人会选择移民到更遥远的国家和地区。 对受华文教育的移民而言,台湾是他们早期的首选。 近年来,也有马来西亚华族和印族移民选择在欧美和澳大利亚定居。 他们当中也有一些是出人头地的,例如前任澳大利亚金融部长黄英贤。 至于那些选择留下的人,一些是没有能力离开,另一些则仍然能突破歧视性政策的局限,通过从商过着不错的日子。 后者有许多是同有关系网络的马来人合伙,而他们和印度尼西亚的"主公"企业家没什么不同。 这些华裔"主公"同能取得执照却不怎么懂得打理生意的印度尼西亚人合作,负责处理公司业务中烦琐的事务,并因此分得一杯羹。 但关键的问题是他们的子女将如何选择。 在马来西亚,当中有许多人会到外国求学,之后就移民他乡。

马来西亚的种族主义政策让它处于劣势。 这么做是自行缩小国家的人才库,不利于打造一个擅用各族所长的社会。 他们为了维持一个族群的主导地位,甘愿牺牲人才。 马来西亚政府近来也较愿意承认,这些人才已流失到海外其他充满活力的城市,并试图吸引一些旅居海外的马来西亚人回国。 但现实情况是,这些举措或许来得太晚,作用也太小了。 在一个全球化的世界里,技能、才智和干劲将日益成为人们保持竞争优势的关键,而马来西亚正在失去优势。它在对外竞争中让其他国家领先一步。

华族和印族选票的影响力最终将变得微不足道。 当这一天到来时,华人和印度人将无法用选票表达诉求,也不能期望为自己争取建立一个公平和平等的社会。

五　东南亚

2008年马来西亚大选过后，一些人强烈感觉到这个国家即将迎来真正的改变。反对党发出包括废除一些种族主义政策在内的竞选承诺，结果他们取得的战绩是连支持者也始料未及的。就选票而言，这是反对党自1969年以来所取得的最佳成绩。就国会议席而论，是有史以来最好的成绩。国民阵线（简称"国阵"）政府失去了三分之二的多数议席优势。大选一年后，纳吉布·敦·拉扎克接任首相一职，过后推出"一个马来西亚"政策，以促进种族和谐和加强国家团结。

纳吉布总理之所以提出"一个马来西亚"政策，是希望赢回他的政党在2008年大选中失去的一些华族和印族选票。然而，选民是否为之所动？马来人是否热烈欢迎"一个马来西亚"政策？他一开始或许是雄心勃勃，但政治现实也许限制了他后来的行动。他是不可能在不失去马来核心支持者的情况下赢得华族和印族选票的。

"一个马来西亚"这个政治口号，始终是雷声大、雨点小。我在政策推出后不久和马来西亚的华文媒体代表见面。他们告诉我说他们一开始是将之报道为"一个多元种族的马来西亚"，但后来被更正为"一个马来西亚"。换句话说，人民共享一个马来西亚，但马来族、华族和印族各族群之间仍保有清楚的界限。这个政策是否能显著地为非土著公民营造一个公平竞争的环境，还有待观察。

如果说那些希望"一个马来西亚"政策能够为种族关系开创新时代的人想法不切实际，那么指望反对党有一天能这么做的人也好不到哪里去。首先，反对党联盟是不太可能在不久的将来夺取政权。但即便它成功了，要废除马来人享有的特权，也几乎是不可能的事。要了解这一点，我们必须仔细研究人民联盟（简称"民联")。这是一个临时凑合起来、投机取巧的团队。它连一套稍微一致的理念也没有,仅被一个将政府拉下马的共同愿望维系着。只要它一日不掌控联邦政府,无须执行上述的多元种族政策,它就能维持表面上的团结。然而到了紧要关头,民联将无法摒弃马来人至上主义。倘若民联真的被赋予全力推行政策的权力,这个谎言就会被拆穿,它不是被内部矛盾弄得四分五裂,就会因犹豫不决而陷入瘫痪。联盟内以马来穆斯林为主的马来西亚伊斯兰党,将在胜利中拥有绝大部分或至少足以行使否决权的议席。倘若民联想朝任何有意义的方向迈进,就会立刻遭到它的阻拦。若是这样,马来西亚伊斯兰党就和马来民族统一机构(简称"巫统")一样,屈服于来自马来选民的选举压力。

要了解马来人特权为何在马来西亚社会根深蒂固,巫统或国阵能否继续执政不是关键。与其将巫统想成会继续执政的实体,我倒是把马来人视为将一直控制多数国会议席的阵营。无论是哪个政党取代了巫统,成为代表马来人利益的主要政党,作风都不会和巫统相去甚远。

新加坡和马来西亚不仅仅是在种族课题上立场不同,但这些年来,我们已学会了和平共处。我们接受彼此是不同的。当我们在1965年和马来西亚分家时,两国都以英语作为共同语言。几年后,马来西亚决定放弃英语,让学校改用马来语教学,使之成为工作语言。华人私下出资办华文学校。后来,政府断定人们失去使用英语的能力将不利于发展,因此又在2003年重新让学校以英语教数学和科学。然而,这个决定引起了马来人,尤其是来自农村的人的反对,学校因此又在2009年恢复以马来语教科学和数学。当初放弃英语的决定,并非能轻易逆转的。在新加坡,我们也保留了传承自英国的司法独立制度。在马来西亚，政府于1988年针对一些不利的判决做了一系列决定，其中包括开除首席大法官及其他高级法官，并且修改宪法，削弱司法权力。20年后，由总理阿卜杜拉·巴达维领导的政府给予那些被开除的法官或他们的家属一笔特别赔偿金。阿卜杜拉自己也承认，1988年的事件是国家面对的"一次危机，而它至今仍没能完全恢复过来"。

新加坡和马来西亚选择以截然不同的方式建立各自的社会，但我们都已明白没有必要将自己的想法强加在对方身上。我们无法改变他们，他们也无法改变我们。我们就这么相隔两地、相安无事地共存。

新加坡最重要的任务，是建立和维持一个强大的武装力量，以维护国家的主权。只要我们拥有一支能够阻吓侵略者的新加坡武装部队，就不会有人来干涉我们。

问：回想当初，您是否觉得自己在推动建立一个"马来西亚人的马来西亚"时力度太大了？

答：不。倘若我当时不那么推动，我们现在就是阶下囚了。

问：您过去曾经说过，身边有些人不看好新马合并，其中包括李夫人（柯玉芝）。您曾说过："她告诉我，我们（在马来西亚）不会成功，因为巫统的马来领导人有全然不同的生活方式，他们的政治也是以种族和宗教为本的。我回答说我们必须取得成功，因为我们没有更好的选择。然而，她是对的。还不到两年我们就被迫脱离马来西亚。"

答：是的，但我必须放手一搏。

问：新加坡当时还有哪些其他选择？

答：另一个选择是让新加坡独立，但这意味着我们必须面对当时正在扩张势力的华文中学学生。他们很有可能胜利。可是新加坡一旦并入马来西亚，华人就会意识到自己是身在马来人的地方，而要打造一个属于华人的新加坡，是不可能的事。行得通的是塑造一个多元种族的新加坡。

问：所以这是您想要合并背后的部分打算？

答：不，这并不在我的盘算之内。这是结果。我的打算是我们必须重新加入他们，以成为一个统一的整体。新加坡和马来西亚在历史上是一体的。

问：此举不是为了要消除新加坡那些华族的"共产主义威胁"？

答：不。若是这样，付出的代价就太大了。假设我们在马来西亚被提控，而且也没有组织马来西亚团结总机构以争取建立多元种族的马来西亚，我们今天就会像槟城、古晋或哲斯顿（今日的亚庇）一样。他们的人不是马来族，而是杜顺族、达雅克族以及卡达山族人。

问：一些人也提出这样的看法，认为您和人民行动党之所以涉足马来西亚，是因为有统治这整个国家的野心。

答：这简直是不可能的事。马来西亚的人口结构不允许这样的情况发生。他们要非马来人扮演次要的角色，他们有马来西亚华人公会（简称"马华公会"）及马来西亚印度国民大会（简称"国大党"）作为伙伴，协助争取马来西亚基层领袖的支持。他们能够操控沙巴和砂拉越，因为这两地的领袖是年纪尚轻的新面孔。在斗争期间，东古为了让我出局，提议由我出任联合国代表一职。

问：新马分家的时候，报章报道说有许多新加坡人都公开庆祝。我猜想如果现在问新加坡人的话，他们还是会认为这对新加坡而言是最好的一件事，因为我们能靠自己的双手去决定自己的命运。如今您回首这段往事，尤其是考虑到新加坡之后的发展，您是否会以相当正面的态度看待它？

答：不，我们是在不利的情况下尽力而为。当时的形势对新加坡不利，他们盘算着我们会吃回头草，并接受他们所开出的条件，摒弃我们同他们以及英国人协商好的条件，而后者给予我们一些在教育和劳工方面的权利和特权。我们是马来西亚独特的一部分，而不是一个普通的州属。

问：一些专家提出的其中一个看法是，这种想维护马来人特权的渴望，是出自一种缺乏安全感的心理，因为华族和印族的人数众多。根据这样的看法，如果马来人占人口的绝大多数，使国家变得更单一化，他们或许就不那么感到受威胁，而更有可能愿意放弃这些特权。

答：你相信大部分人会支持要他们放弃特权的领袖吗？

问：世界上有许多国家的少数族群是处于优势而非劣势的。以中国为例，少数民族在申请进入大学就读时能获得额外的分数。

答：看看中国的历史是如何演变的。中国人是一个偌大的、

五　东南亚

自信的群体，他们希望争取少数民族的支持。因此，他们不强迫少数民族遵守独生子女政策，并成立新疆维吾尔自治区和西藏自治区。中国的历史背景何以同马来西亚的相提并论？

问：您曾提出，其他国家所提供的例子显示，由一个种族支配其他人或者全民同说一种语言的国家，往往较具凝聚力。当马来人口的比重变得越来越高时，这样的论点是否也适用于马来西亚的情况？马来西亚会因此变得更好吗？

答：如果你是马来西亚的华人或印度人，你认为你的情况会更好吗？

问：或许不会。但就整个国家和社会而言，这是否有可能对马来西亚更有利？

答：这个问题的答案是：你认为他们的人才都源自哪里？

问：所以您的观点是，他们是有潜能，却没能实现。

答：是的，当然。

问：在马来西亚种族比例经历改变的同时，我们还看到了另一个趋势，也就是它更加严格恪守伊斯兰教教义了。

答：这是来自中东的一些影响造成的。

问：它能成为进步的伊斯兰国家吗？

答：你相信吗？你的"进步的伊斯兰国家"指的是什么？

问：向世界敞开国门，乐于接受新思想。

答：那他们就不戴头饰，男女彼此握手、坐在一块儿，而正在喝啤酒的非穆斯林可以请穆斯林朋友坐在他身边喝咖啡？

问：但比方说，它难道不能更像土耳其而不是沙特阿拉伯？相对开放，接受一些较为国际化的价值观？

答：不，它会是一个马来伊斯兰国家。从前，他们较不拘小节。如今，他们受中东国家影响，更加倾向于遵守伊斯兰教的正统教义。他们过去会在晚宴上以酒招待宾客，并同宾客举杯共饮。当我在那里的时候，东古会邀请朋友到他那里一同分享他的威士忌和白兰地。现在，他们只以糖浆代酒敬对方。

问：除了种族和宗教课题，另一个让许多人最为关心的课题是"金钱政治"和制度内贪污的问题。比方说，将合同发给马来企业的政策，只让很少的马来人受益。您觉得马来西亚有可能解决这个问题吗?

答: 这个我说不上来。如果能找到一群年轻、教育程度高且想要认真治理国家的马来人,而他们也准备同既得利益集团展开斗争,问题是有可能解决的。在每一个巫统支部,他们的领袖因手持选票而享有特权。所以我不太确定是否能看到改变,除非整个马来西亚经历巨大的改变。

问: 说到新马关系,您认为两国有经济合作的空间吗?一个例子就是马来西亚的依斯干达特区,双方都采取务实的态度,而也具备经商的基础。

答: 我们暂且先观望一阵,看看依斯干达的发展如何。这是在经济领域方面的合作,而你必须记得的是,我们把钱投资在马来西亚的领土上。他们大笔一挥,就可以把整个项目从我们的手中拿走。他们不太可能这么做,因为他们还想要有更多的投资。但当我们到那里投资时,我们必须了解,在那里所建起的任何房地产或建筑物,始终属于那块地的主人。

印度尼西亚
偏离中央

苏哈托时代结束后,印度尼西亚(简称印尼)政治最显著的发展却是令人惊讶的平淡无奇。其中没有喧闹的街头示威者呼吁国家大刀阔斧地改革,也没有政府大胆推行转变国家经济的计划。你无法将它拍成好莱坞大片。但我深信历史学家在多年后回顾这个时期,会意识到它的重要性。我所说的发展是指区域化、地方化的发展,也就是中央权力的分散。

1999年,接任苏哈托总统职位的哈比比悄悄地签署法令,从雅加达向全国约300个县政府下放权力。法令于2001年生效,并取得了非凡的效果。每个地区能够让当地选举出的官员负责地方事务,整个国家也因此重现新的生机。经济发展更趋均匀化,而地方自治也缓和了分离主义压力,让国家保持团结。权力分散对印尼而言将更加有利,让它更有可能充分发挥潜能。

在这些法律实施以前,印尼是全世界政治上最集权的国家之一。牵涉到国家经济的重要决策,是由身在首都的总统和他的内阁

五　东南亚

所决定的，并由来自中央政府的官僚和代表在全国落实。大小事都得通过首都雅加达来安排。包括新加坡投资者在内的外国投资者都深谙游戏规则。他们知道即便是在印尼偏远的地区投资，还得在雅加达交上入门费。因此，通过开发国家丰富资源所取得的税收和利润，自然也得上缴首都，再由它决定要如何分配。

多年来，这样的制度在苏哈托的领导下也相当奏效。军人出身的苏哈托在1968年接替苏加诺成为印尼总统，领导这个国家长达30年。他所取得的成就是非凡的。苏哈托接管的是一个通货膨胀失控、经济形势极不乐观的国家。他把资源集中在国家的发展上，成功扭转劣势。与苏加诺穷其精力在国际会议上敲桌子、试图将印尼和自己树立成新兴国家领导的作风不同的是，苏哈托深知印尼若不先解决内部问题，就无法在国际舞台上发出有力的声音。马来西亚联邦成立时，苏加诺喊出"粉碎马来西亚"的口号，而苏哈托决心稳定国家的对外关系，不再提起这个口号，并接受马来西亚为印尼的邻国，承认沙巴和砂拉越属于马来西亚。

苏哈托委任资历良好的行政人员和态度认真的经济学家协助治理印尼，让国家在他执政的30年间取得真正的进步。苏哈托对印尼作出巨大贡献。虽然苏哈托在根除贪污和裙带关系问题方面算是失败的，但他执政的成果不言自明，历史会给予他评价：他让人民受教育，使经济增长，并建设公路和基础设施。

然而，苏哈托所仰赖的中央集权制度，并不是团结这样一个多元化国家的最佳方法。印尼由分散在5000公里范围内的1.75万个岛屿组成，有超过200个不同民族。上世纪60年代，吴庆瑞曾说印尼的逐渐分裂几乎是"不可避免"的。他清楚看到一个群岛国家如何受各种势力所影响，而这样的国家无论在文化或历史方面，都难以体现合一性的感觉。

　　语言是防止印尼分裂的其中一个因素，而无论苏加诺有何缺点或如何哗众取宠，他在这方面都是有功劳的。这是因为他选择了马来语而非爪哇语作为国语。假如他想要选择爪哇语，他也能够为此提出充分的理由。爪哇族是印尼主要的民族，他们的语言非常精练，并在古代文学中已有使用。苏加诺本身是爪哇人，而身为印尼经济和文化中心的首都雅加达也位于爪哇岛上。可是，苏加诺知道爪哇语无法让国家团结，因为它在印尼许多地区被视为一种外地语言。居住在其他岛屿的人民或许会觉得学习爪哇语是个负担，而这可能导致国家分裂。另一方面，马来语则已是人们普遍使用的第二语言，因为这是商人和海员在走遍国内各地及东南亚地区时所使用的语言。他因此选择了马来语，并决定使之成为学校所教导的第一语言，让当地语言或方言成为第二语言。结果，全国如今都能听懂雅加达任何一个人的讲话。这确实是绝妙的政策，是苏加诺献给印尼的最佳礼物。

　　然而，一个共同语言并不足以维持国家团结。苏哈托也利用武装力量保持国土完整，比如用军队镇压亚齐叛乱分子。这只有在能持续使用武力的情况下才得以维持。但武装部队扮演的角色也在改变。苏哈托在执政末期曾要求手下最高将领维兰托将军镇压起义的学生和工人。但维兰托了解军事行动的局限而拒绝这么做。当哈比比接任总统职务时，全国上下确实担心，一连串分离主义运动会趁政治局势改变之际争取脱离印尼。

　　哈比比政府决定走地方化的道路。不过，为了避免鼓励一些省份日后逐渐争取独立，雅加达政府越过约30个省级政府，直接将300个县政府和市政府设定为基层政府。政府过后在2004年承认，

五 东南亚 149

这个做法不是没有问题,并立法重建省和县之间的等级关系。尽管如此,自2001年后,每个地区还是夺回了各类地方事务的所有决定权,涵盖的范围包括卫生、教育、公共工程、农业、运输、贸易、环境和劳工等等。除了涉及石油、天然气和放射性原料的领域以外,政府也赋予地方政府发放其他领域投资执照的权力。哈比比来自南苏拉威西而不是爪哇,显然也是一个影响因素。假设当初接任苏哈托总统职位的是另一名爪哇人,轴辐式的政府制度相信至少还会坚持一段时日。此外,哈比比也曾在德国留学和工作长达20年左右,而德国实行的是联邦制而非一元化体制,这想必对他也有一定的影响。无论如何,在1999年年底接替哈比比的瓦希德尊重哈比比所签署的法律,并协助全面执行相关政策。一份有关印尼地方化过程的世界银行报告指出,2001年后,原本隶属中央政府的公务员如今有三分之二改而听命于地方政府,而包括学校和医院在内的超过1.6万个服务设施,也同样移交地方政府管理。

此举风险很大,但最终是成功的。如今,每个地区自行管理其资源,直接同外国企业交涉。这让大家都分得一杯羹,也改变了这个群岛国家的局面。由于企业再也无须和不同等级的政府交涉,因此也加快了一些程序。地方政府较熟悉当地情况,所以它们能应对局势的转变。一些在权力分散后所展开的调查也显示,许多印尼百姓认为公共服务在2001年之后有了改善。无疑的,这其中至少有部分原因是主要决策者如今得向选民和当地立法机关交代,而不是向中央政府报告。

廖内群岛是其中一个从改变中获益的例子。在这之前,它受雅加达政府管辖,但如今却能直接同新加坡和马来西亚的投资者打交道。由于廖内省最大的城市巴淡离新加坡比离雅加达近许多,因此这是再合理不过的事。外国投资和当地人的就业机会都显著增加。

但最重要的是，权力下放让印尼维持国家统一。既然命运如今已掌握在各地区的人民手中，他们就无法称自己受中央压制，或得到不公平的对待。通过开发天然资源所得到的利润，也由当地政府管理。苏哈托时代用军事方案对抗分离主义的做法，让印尼内部如同高压锅。中央和地方的关系往往紧张，而执政者必须确保紧紧将锅盖压下，否则就有爆炸的危险。哈比比提出的地方自治政策，成功释放了之前所积累的压力，让情况尚可长期维持下去。

地方化是一个不可逆转的过程。一旦你给了地方政府管理当地人民的权力，就不可能收回控制权。印尼还会经历一些调整，以找出地方自治，例如省级和县级政府之间的平衡，但它不会恢复苏哈托时代中央集权的体制。

然而，若以为印尼的发展道路因这些正面改变而不再充满困难和未知数，那就错了。地方化对这个国家虽说是很好的事，但并非什么灵丹妙药。除了面对传统的挑战，印尼也面对新的挑战，其中包括中央政府陷入的政治僵局、差劲的基础建设以及普遍存在的贪污现象。这些问题继续威胁着印尼的发展，并有可能让它偏离正确的航道。印尼会否面对、如何面对及何时面对这些挑战的决定，将左右其人民的命运。

新加坡在和印尼以配套的方式签署引渡条约和国防合作协定时，就领略到政治僵局所带来的问题。印尼总统显然相信这对国家有利，否则就不会签署协议。然而，印尼人民代表会议（即国会）却推翻这项决定，表面上是因为这有损国家主权。但任何一名政治分析员都能道出协议被推翻的真正原因：印尼将在2009年举行大选，而议员多不与总统属于同个政党，因此希望通过贬低总统的名声来提高所属政党的胜算。试问一名曾任陆军将领、国防部长、外交部部长和总检察长的总统会不清楚印尼的主权吗？新加坡军队在苏哈托时代于印尼进行军训长达20多年，也没有听到半点怨言。但鉴于中央制度的组织方式，这样的政治"皮影戏"继续困扰着印尼。

印尼在2002年修改宪法，让人民直接选出总统。之前，总统是间接由议员选出，因此自然是得到议员的支持，无须担心政策被推翻。然而，新的制度让总统不一定是从代表性最高的政党中产生，因此有可能让政府陷入僵局。负责修改印尼宪法的人若参考法国的政治体系，就会考虑赋予总统权力，让他在当选后不久，又或者更迟一些时候，宣布解散议会、举行选举，以让他能够更明确地得到选民的委托以治理国家。

印尼在2002年所设计的结构，容易让中央陷入僵局，并影响它的决策过程。此外，印尼也不太可能实现改革，因为任何法案必须由人民代表会议通过，而它也没有放弃任何权力的诱因。能够否决总统的决策，是符合人民代表会议的角色。从这个角度来看，地方化就有其可取之处，因为许多重要决策都已移交地方做决定。

印尼所面对的第二大难题，是它的基础设施建设。当一个国家是由1.75万个岛屿组成时，能够将它们连接起来对经济发展至关重要，因为将主要的人口聚居地联系在一起，才能让一个地区的增长带动另一个地区的增长。提供更多的快速轮渡服务和内陆航班服务将会有很大的帮助。在岛屿之间建造跨海大桥，也是极为有利的。这些都做得不够。建造巽他海峡大桥的计划已提了许多年。若建成的话，它将是全国最长的桥梁，并连接苏门答腊和爪哇这两个最重要的岛屿，产生相当大的经济潜力。遗憾的是，这一切还是空谈，而未变成行动。

根据印尼分析员观察，和苏哈托时代相比，改善基础设施的步伐如今似乎慢了下来。当前的政府举办了一系列基础设施建设的峰会，并为提升公路和其他交通联系制订了宏大的计划，却缺乏实际可行的项目。其中的挫折感会因许多印尼精英阶层喜欢到新加坡度周末而变得更强烈。每逢到新加坡小度假后回国，他们就会深刻感觉到自己国内的道路和机场亟须投资和发展。

最后，这个国家要能够有效控制猖獗的贪污腐败情况。地方化无法缓解这个问题，因为省级领导也想从中捞得一些好处。贪污使整个体系上下皆是漏洞，花费的是一元，但这边贪掉一角，那边又亏掉两角，结果钱到了一名普通工人或是想要赚取利润的外国投资商手上时，已所剩无几了。尤多约诺总统知道贪污行为一旦成为风气，就难以根除。这将需要非常坚定和持续的行动，必须由中央做起。印尼若能大力打击贪污，就能够创造新的未来，建设全新的国家。

印尼在过去10年表现不算太差，持续取得了4%到6%的增长。它几乎没有受到全球经济危机影响，而丰富的天然资源，也吸引了来自中国和日本的巨额投资。但这个国家若能在未来的20年到30年内转型，我会感到十分意外。马来西亚较有可能朝这方面迈出更大的脚步。这是因为它的面积较小，并且有更完善的交通系统和更有冲劲的劳动队伍。

印尼目前虽然发展良好，却还是一个以资源为基础的经济体。人们的心态停留在以土地的馈赠谋生，而不是靠双手来打拼。他们相信自己现有的资源还能维持很长的一段时间。或许他们这么想没有错。这个国家还有大片的土地未被开发。他们有石油和天然气，这总有一天会耗尽的，但他们还有木材和棕榈油。这些是用之不竭的，因为它们是可以反复种植的农作物。由于他们拥有这种种的资源，因此培养了一种闲散的生活态度，而习惯说："这是我的土地。你想要底下的东西吗？那就把钱拿来。"久而久之，他们养成了不求进取的个性，而这是不容易克服的。

问：印尼继续怀抱着大国梦，过去几年的增长，也提升了它的国际形象。您对这样的抱负有何看法，而这对东盟和新加坡这个小邻邦有何影响？

答：一般而言，印尼希望新加坡在国际舞台上能支持它。我想，只要不影响我们的利益，我们就会支持他们。他们实际上是东盟的领导者。他们有2.4亿人。当然，这2.4亿人若同处在一个大岛上，情况就不同。但印尼依然是最大的国家。

问：有人曾说，是印尼在过去让新加坡和马来西亚等国家崭露头角，东盟才得以发展。它在东盟并不像印度在南亚区域合作联盟那样专横。一个更自信的印尼是否会想一直在东盟占主导位置？

答：我们只能等着瞧。但即使他们这么做，我也看不出他们如何能偏离我们之前为让东盟成为通信、物流、贸易和投资枢纽所制定的方向。

问：当您还是总理的时候，新印关系的特点之一就是您和苏哈托密切的关系。两国因此能相互谅解。如今少了这层关系，您是否能预见今后会遇到困难或问题？

答：我们虽没有像从前那样的往来，但李显龙总理仍不时会与尤多约诺总统会面。我们也经常通过印尼华裔商人建

五　东南亚

立生意关系。这也凸显了新加坡培养一批精通马来语的非马来人的重要性。这么一来，我们才能保持这样的关系。这对与马来西亚和印尼建立友好关系而言是重要的。

问：眼看中国在这个地区掌握主导权，您认为印中关系会如何发展？

答：中国人会很尊重并有礼貌地对待他们。他们看中印尼所拥有的资源，因此我认为这个关系将日益良好。印尼已解除了苏哈托时代不准教华文和庆祝华族传统节日的禁令。所以，他们和中国人的互动会日益增加。他们也在鼓励国内的华裔到中国做生意。

问：印尼民族主义经济的抬头，是外国投资者，包括新加坡投资者，所反映的一个问题。企业面对提高当地所有权比重的压力。您认为这样的事今后会较常还是较少发生？

答：我想会较常发生。他们想分得更大块蛋糕。

问：您认为印尼会继续为恐怖主义提供滋长的土壤吗？伊斯兰教武装分子的崛起是否会威胁到印尼的稳定？

答：如果你看新闻报道，就会知道伊斯兰教祈祷团在印尼招收了一些成员，并在巴厘岛和雅加达的万豪酒店发动炸弹袭击。然而，我对印尼和对马来西亚的看法不同。马来西亚更公开地奉行伊斯兰教教义，而印尼也可能因受到沙特阿拉伯的影响而发生细微的变化。他们所信奉的伊斯兰教如今成为伊斯兰世界的楷模，因为他们组织了这些会议，并出钱邀请来自世界各地的穆斯林前来参加。这促使伊斯兰教利益团体在印尼国内兴起。然而，这些事情不会在一夜间改变，尤其当涉及人们的文化的时候。

泰 国
苏醒的社会底层

他信·西那瓦的出现，永久地改变了泰国政治的面貌。在他未登上政治舞台之前，曼谷的当权者垄断了整个政治局面，执政方针主要以首都的利益为考量。就算曼谷精英阶层过去也有意见不合的时候，也不比接下来的恶斗来得激烈。之前也没有任何争执像在他信任内和之后所发生的争论那么有分裂性。他信将原本被曼谷政权及中上阶层独占的资源转移到泰国较贫穷的地区，颠覆了泰国的政治现状。他信的政治理念较具包容性，并让来自北部和东北部的农民分享国家经济增长的果实。在他尚未上台之前，前几任首相已因偏向实行照顾曼谷中央利益的政策，而制造了鸿沟。他只不过是将人民唤醒，让他们看到鸿沟和当中的不公平，然后提出弥合它的政策方案。即便他没有这么做，我确信别人也会这么做。

他信在2001年接任首相职务时，已是一名成功的商人和亿万富豪。但倘若泰国的有钱人以为他会看在阶级的份上站在他们这一边,那他们很快就会大失所望。他推行的政策,前所未有地偏向贫困的农村人口。他为农民提供贷款,颁发海外奖学金给出身偏远地区家庭的学生,并为城市贫民提供政府津贴的住房,而其中有许多是迁移到城市寻找工作、只住得起贫民窟的人。他所提出的医药保健计划,以无法支付医药保险的人为受惠对象,让他们每回到医院就诊时以仅仅30泰铢(约1美元)获得医疗保障。

对他信的政敌来说,他是把整个国家搞得天翻地覆。他们并不打算让他得逞。他们指出他是民粹主义派,并声称他的政策将让国家破产。(让人意想不到的是,他们在2008年12月至2011年8月执政期间非但没有中止当中的许多政策,还提出了更多类似的政策。)他们也指控他贪污和滥用职权为家族生意谋利,但他否认这些指责。他们也不满他控制媒体——甚至有人说他对媒体态度专横,以及在南部发动颇受争议的反毒品战,而这可能牵涉忽略正当程序和人权的问题。尽管如此,人数众多的农民不理会这些批评,2005年再度推选他。曼谷的精英阶层最终忍无可忍。他的政府在2006年的军事政变中被推翻。

泰国的首都自此经历了巨大的动荡。从2008年起,曼谷街头屡屡陷入混乱,涌上街头的大批抗议者不是以保皇名义反对他信的黄衫军,就是热烈支持他信的红衫军。不过,在2011年举行的最近一次大选中,他信的妹妹英拉当选首相,这清楚地证明了泰国选民认同他信为国家所制定的新方向。泰国北部和东北部的农民尝到了拥有资金的甜头后,已不准备松手。他信和他的盟友目前已一连赢得了2001年、2005年、2006年、2007年和2011年的五次选举。对他信的对手来说,要阻挡这股浪潮,是枉费心机。

尽管泰国社会近期有些动乱,它长期的前景还是乐观的。红衫军的实力接下来还有很长的一段时间会比黄衫军来得强,因为后者的人数是在不断缩水的。年轻一代对王室的尊敬已不如老一代。更何况,泰王普密蓬虽然是一位受人爱戴的国王,但在他离世之后,他所体现的王室威望和魅力也会随之消逝。

军人向来在泰国政治舞台上扮演主要的角色。他们得到王室赋予的权力,因而竭力制止反王室势力抬头。但军队同样别无选择,必须接受和顺应新局势。毕竟,它也不能长期违背选民的意愿。假以时日,军队上上下下也会有更多的士兵属于不那么仰慕王室成员的年轻一代。军队领袖会继续坚持保留特权,不甘成为普通军队。但他们也会学习与由他信盟友组成的政府和平共处。他信若能承诺放下宿怨与军队和睦相处,他们有一天或许会让他回国。

泰国政治已无法走回老路,回到他信就任之前曼谷精英独揽大权的年代。泰国会沿着他信所开创的道路继续前进。国内的生活水平差距会缩小。许多农民将加入中产阶层,协助推高国内消费。泰国的发展态势会是良好的。

问：一些泰国分析员对他信出现之后泰国政治所发生的变化看法没那么乐观。他们提到，上世纪90年代的首相能够通过实行长期政策取得经济发展，但自从他信在2001年掌权后，政府则不断推出短期的民粹主义措施以及向贫困者发放援助。

答：不，那是一个非常片面的看法。他信比他的批评者精明许多。这就是为什么他会利用来自东北的支持来克服他们制造的阻力。

问：但我想确实有人关注这是不是各方抢夺农村选票的逐底竞争。

答：那他们到哪里找钱发放援助呢？

问：这就是问题所在。

答：不，在你发放援助之前，你必须先有这个资源，而这只能来自税收。假如你想给得更多，而收支已完全平衡，那你就得增加税收。

问：又或者能够借贷。

答：谁会借？用什么资产作抵押？

五　东南亚

问：所以您不认为泰国有可能因逐渐陷入民粹主义政治困局而经历长期的瘫痪吗？

答：我想不太可能。他们为何要过度地迎合穷人？

问：您对他信的印象如何？

答：他是一个亲力亲为并会为快速取得成效而努力的领导。比起经济理论，他更相信自己作为一名商人的经验和直觉。他曾经告诉我，有一回他从曼谷乘坐长途客车到新加坡，并觉得已领悟到让新加坡成功的秘诀。所以，他也要照着我们的方式去做。我不晓得他是否真的能用一次行程就搞清楚我们的内部运作，因为其中靠的是教育、技能、培训，以及一个为大家提供平等机会、有凝聚力的社会。你不能忘记的是，泰国东北部的老挝人比泰国人多。

问：新加坡领导人有一段时间，大概是在10年或更久以前，曾将泰国视为势均力敌的对手，尤其是在运输、制造业和成为医疗旅游枢纽方面。如今还是如此吗？

答：看看他们的地理位置。船只可以不必经过曼谷，但不能不路过新加坡。

问：那航空交通呢？

答：他们的技术和教育水平有多高？他们必须比我们更出色。

问：他们是否具备比我们优秀的潜能？

答：首先，我们有通晓英语的优势。再者，我们拥有一个培养优质大学毕业生、理工学院毕业生和工艺教育学院毕业生的教育体系。没有人是不具备某种专长的。他们能为遍布乡下地区的6000万人发展这样的体系吗？

问：我们能否谈谈本区域的地缘政治？泰国向来是美国的盟友，越战时期更是美军的一处基地。它是否会继续是美国的盟友？

答：是不是都没有分别。真正的问题是：它们的利益一致吗？你可以建立同盟，但这也得要大家的利益一致才有效。这就像北大西洋公约组织一样。他们在苏联还存在时就很团结。苏联解体后，北约就变得毫无作用。

问：有一个看法指泰国是在1997年亚洲金融危机遇到问题的时候，来到了转折点。当时泰国人发现美国人不会帮助他们渡过难关，而自那个时候，他们已断定中国可能会是个更可靠的朋友。

答：因为泰国在越南战争结束后对美国来说也没那么有价值了。

五　东南亚

问：您认为泰国对中国在本区域日益彰显的支配能力和影响力会有何反应？

答：你也知道泰国的历史。在日本人势力强大，并准备攻打东南亚时，他们允许日本军队进入泰国，让对方更轻易向马来西亚和新加坡挺进。谁是胜利的一方、强大的一方，他们就会向谁靠拢。

越　南
解不开的社会主义思维枷锁

中国改革开放几年之后，越南也于上世纪80年代决定推行自由市场改革，当时许多人都对此抱有很大的期望。"DoiMoi"在越南语中是"革新"的意思，而革新开放的政策是在一个积极的基调下开始的。越南初步走出社会主义时，将大片集体农用地的控制权归还给个别农民。这使农业产量在接下来几年内激增，国内外许多人都认为越南走对了方向。确实，当全世界都清楚看到中国经济的改革开放是如何成功时，那些没有那么仔细观察越南的人便断定它的改革计划也朝着类似的方向前进。

有一种更谨慎的观点正在浮现。我个人对越南改革的看法也改变了不少，有别于上世纪90年代头几回走访越南时所持有的较乐观想法。我如今相信，越南老一辈共产党领袖的思维，基本上无法跳出社会主义的框框。他们一开始同意踏上改革的道路，是因为看到国家正在原地踏步。但是，他们始终都拿不出和中国领导人一样的

五　东南亚

真正决心，去彻底改变整个制度。是这些老一代领导人让越南停滞不前。直到他们谢世为止，这个国家在现代化的道路上是无法取得突破的。

我最近一次访问越南时的一个亲身体验，说明了它正面对什么样的阻碍。当时，我和他们的最高政府和军事领导人会面，并向他们详述了一家新加坡公司在河内西湖开发酒店项目时所遇到的困难。在公司启动打桩工程时，数以千计的村民以受噪音干扰为由，前来索讨赔偿。为避免额外开销，公司决定改用比打桩安静许多的螺旋桩。这回轮到当初批准这项工程的官员来找碴了。他说："我并没有批准你这么做。"很明显，这名官员和那些不满的村民是一伙的。我向越南领导人解释说，这样的情况会让工程事倍功半，并力劝道：你若要开放，就该认真行事。对此，他们吞吞吐吐，这清楚地显示他们对改革是三心二意的。他们并不明白一个满意的投资者会吸引许许多多其他投资者前来的道理。他们的想法是，如果能把投资者逼到墙角，就能从他身上挖到最多的好处。

老一派的领袖是靠在战争中的表现获得擢升的，目前在党内享有权力地位。不幸的是，他们得以步步高升，不是因为擅于管理国家的经济，或者是行政方面的人才。他们是花了三十多年的时间挖了一条贯穿国家南北的隧道，才取得今日的地位。越南改革和中国改革开放经验的相似之处，是官员变得贪污腐败。那些以为能被体制照顾一辈子的干部，突然发现党外的人迅速致富。他们感到心灰意冷，因此变得贪婪。例如，高级海关官员为了能分享财富，会非法进口汽车。和中国不同的是，越南没有像邓小平那样既在干部中享有不可动摇的崇高地位，又坚信改革是唯一出路的领导人物。他们缺乏这样的人物，究其原因是越南战争导致的。在这数十年内，处于和平时期的中共党员积累了行政经验,对于什么行得通、什么行不通采取实用的建议,并不断更新自己的观点和思想。而越共此时却在和美国人打一场残酷的游击战,对于如何治理一个国家毫无领悟。与此同时,那些来自南部并了解资本主义运作的成功商人,多数都已在上世纪70年代逃离越南。

越南人是东南亚最能干和精力最充沛的人民之一。那些获得东盟奖学金到新加坡求学的越南学生对学业非常认真,成绩也是顶尖的。他们有着这么精明的人才,却没能充分发挥潜能,着实令人感到惋惜。但愿在经历战争的一代告别人生舞台后、年轻一代接棒时,他们能够看到越南的良好发展,从此肯定自由市场的重要性。

五　东南亚

问：越南在南中国海领土问题上与中国存在很大的歧见。2012年的东盟外长会议，东盟这个区域性组织45年来首次无法发表联合公报，越南就是陷入激烈争吵的一方。

答：它们无法让东盟一致同意支持它们的立场，因为中国相信已针对文莱和马来西亚提出的主权声索，同它们单独交涉过。然而，越南提出的主权声索才是最主要的，而这仍然是个问题。

问：这显示中国在这个课题上有能力分化东盟吗？

答：这显示了中国人的高明。他们有着数千年和外国或外邦交涉的经验，懂得将它们一个个分开周旋，避免让对方联合起来，也不必面对整个组织。他们就这样一个接一个把人心都收买了。

问：越南正寻求和美国扩展双边关系，以便更有能力应付中国。

答：是的。时任美国国防部长的莱昂·帕内塔在2012年到了金兰湾，这意味着越南或许会将此军港开放给美国人使用。如果帕拉塞尔群岛（西沙群岛）引发争论的话，美国人驻扎在那里或许是有帮助的，但我不认为美国会直接与中国对抗。越南解决纠纷的最大希望是援引《联合国海洋法公约》。

问：也有舆论指出，越南人可能会向美国购买军备。

答：我不会感到意外。如今他们与美国人的关系比和中国人的好，况且美国的军备比中国的更精密。

问：您是否认为东盟应该在往后的峰会避谈南中国海纠纷？

答：它们已采取了不同的立场。本来是有一套行为准则的，现在却已被破坏了。

缅 甸
将领改变路向

你发现眼前走投无路时,只有一个做法是理智的,那就是:掉头走出去。 这样的比喻,在很多方面贴切地解释了缅甸军政府为何会在 2011 年骤然回心转意,改变整个国家的发展方向。 这样的彻底转变,并非因为是深刻的自我反省或真实的顿悟。 这也不是一个濒临倒台的独裁政权急于求存的举动。 其中有一个更平常的解释,即缅甸将领看到国家正步向死胡同,已经别无选择。

若把视线转向毗邻相对富裕的泰国,他们就会更快发现这一点。 论天然资源,缅甸的资源不比泰国的少,甚至更多。 然而,假如要比较两国出产的柚子,人们就会发现泰国的柚子更大更鲜甜,因为他们进行了科技研究。 泰国人也将国家打造成胡姬花以及其他植物和水果的最大区域出口国。 缅甸理论上也能够这么做,因为它有着相同的气候和土壤。 但实际上,它什么也没有做到。 最令人感到沮丧的是,缅甸人必须越过边境用宝石向泰国人换取医疗用品。这个国家越来越落后。

热带风暴"纳尔吉斯"更为缅甸政权和人民敲响了警钟。当这场风灾在2008年席卷缅甸时,毫无头绪的政府既无法有效地向受影响的灾民提供援助,也不愿意接受美国和法国等国家的海外援助,结果导致数百万的缅甸人流离失所。这和中国政府在四川大地震发生后的反应形成了强烈的对比,而四川大地震的破坏力不比缅甸的风灾小。中国的军队迅速展开救援行动,包括温家宝总理在内的国家领导人能够控制住局面,整个国家也紧紧团结在一起。有缅甸专家认为,风灾是将该国推向转折点的最后一击,为改革埋下了伏笔。他们的看法或许和真相相去不远。

这个国家在2011年没有大肆宣扬,却认真地开始改革。包括昂山素季在内的数百名政治犯获得释放。这名诺贝尔和平奖得主获准在2012年参加缅甸的议会补选,并成功当选。缅甸政权迅速举行选举和释放政治犯,部分原因是为了说服西方国家解除对缅甸的制裁,并认为这将显著刺激国家的经济。西方国家一开始态度相当谨慎,但最终也默许了。美国总统奥巴马在2012年11月访问缅甸,标志着它已重新回到国际舞台上。拟于2015年举行的缅甸大选,将是自1990年昂山素季获得压倒性胜利却被军政权推翻结果的那次大选以来,首次自由公正的选举。缅甸将稳扎稳打,慢慢让国内局势再度恢复正常。

20世纪60年代,领导缅甸的奈温将军选择走社会主义道路。他将英国人引入缅甸协助搞好经济的印度商人和企业家驱逐出境,让国家只剩下缅甸人,经济闭关自守。整个国家僵立不动整整40年。

有一段时间,大概是在10年前,我和缅甸前总理钦纽有过联系。他是众将领中最精明的,并且是唯一倾向改革的领袖。我敦促他学习苏哈托卸下军服、组织政党,并赢得选举。 我告诉他说,如此一来你才能得到人民的支持,将国家开放。 但不久后,钦纽被软禁在家。 我失去了和缅甸政权的联系,也不认为到缅甸去说服他们改变会符合新加坡的利益。 毕竟已经有那么多人尝试后都失败了。 这根本不关我的事。

缅甸过去两年在改革开放上取得重要的进展。 我不相信缅甸的将领们这次又会打退堂鼓。 唯一的问题是:他们会以什么样的速度前进?

许多人都对昂山素季寄予厚望。 她是缅甸反军政府势力的代表人物。 一些人要求她在未来的政府扮演领导角色。 我对此则有所保留。 即使她的父亲昂山将军是解放缅甸的英雄人物,但她曾嫁给英国人,孩子是拥有一半英国人血统的混血儿,因此一些缅甸人并不完全接受她为一分子。 目前,缅甸宪法中有条文禁止她担任总统。 她如今已有68岁,不再年轻。 即便她能领导这个国家,她还必须应付南北各地的多个民族叛乱势力。 她有办法平定叛乱分子吗?

在海外生活的缅甸人是另一个有望鼓励国家加快开放步伐的群体。 他们是流亡到海外的缅甸精英。 他们的孩子已不会觉得自己对缅甸有任何义务,但那些在青少年时期或成年后才离开缅甸的人,依旧会和缅甸有情感上的联系。 随着政治局势改变,如果他们能被说服回国创业,这对缅甸而言无疑是打了一剂强心针。

问：您在过去撰写的《新加坡赖以生存的硬道理》一书中，说过您这辈子已对缅甸将领彻底放弃了，因为他们是愚钝之辈，看不清自己该做些什么。

答：他们过去的态度是非常不妥协的，但就连他们也改变想法，并承认自己已碰壁。

问：对于缅甸最终决定改革开放，到底是东盟所谓的"建设性接触"还是西方制裁的功劳，外界有些讨论。您对此有何看法？

答：是哪一个的功劳都不重要。重要的是他们已决定拥抱不同的未来。

问：如果改革持续，而缅甸大开门户，我们还会继续看到中国对缅甸发挥与日俱增的影响力吗？

答：会的，因为他们已建造了一条高速公路。更何况，他们在缅甸长期实行锁国政策时一直都给予对方帮助。因此，双方已结下友谊，并知道这是长存的友谊。印度人想通过提供一些援助也插上一脚，但我不认为他们能够与中国人竞争。

问：那美国人是否能在缅甸占有一席之地，以作为他们在这个地区争夺影响力的举措之一？

答：美国太遥远了。从这样的距离发挥影响力太远了。缅甸是和中国云南接壤的。

新加坡

处在十字路口

政　治

像2011年5月全国大选那样的结果,迟早会发生的。 人民行动党(简称"行动党")的全国平均得票率只达60.1%,丢失6个议席,这是自1965年独立以来最糟的成绩。 行动党在历届大选中几乎囊括所有议席的局面,终究无法长久持续。 之前的一代人,在建国时代长大,体会了生活水准怎么从低点大幅跃升。 渐渐地,提升的速度会放缓,能见度也不再那么显著。 新一代选民有着截然不同的生活体验,投下手中的一票时,凭借的是一套与父母辈或祖父母辈截然不同的思维方式与权衡标准。 当然,2011年5月大选也受到好些短期因素所困扰,让整个局面对行动党不利。 例如,工人党领袖刘程强决定离开后港旧巢转战阿裕尼集选区,以及政府推行的一些政策引起民间不满。 再怎么样都好,输掉一整个集选区①的结果,迟早都得面对。

更重要的问题是:我们接下来要怎么做? 这得取决于行动党如

---

① 新加坡大选实行集选区制度,一个集选区由几个议席组成,各政党竞选这类多席集选区时,必须派出一组候选人团队参选,以团队论胜败。 2011年之前,行动党也曾输过几个单选区议席,但从来不曾失掉一整个集选区。

何因应大环境的改变,选民又会怎么作抉择。万事难料,唯有一事我敢肯定:如果新加坡最终决定走向两党制,我们将注定平庸。我们如果对自己说:"没关系,就甘于当一个普通的城市吧,为什么非得要处处比其他城市或其他国家做得更好?"那么,我们将失去光芒,沦为一颗黯淡的小红点。如果新加坡真的走上这条路,我会为它感到十分惋惜。

我在2012年8月22日收到一张感谢卡,写卡人是个新加坡人,名叫欧阳坚海(音)。看他那隽秀优雅的草书笔迹,想必至少是五十来岁的人。现在的年轻人多半会选择打字,即便是写,也无法写出一手漂亮的字。这位欧阳先生是这么写的:"您的伟大领导与卓绝贡献,让我们国家在这么多年里享有和平、快乐、进步、繁荣、团结、安全,我们一家也从中受惠,非常感谢!我们要由衷祝福您,尊敬的先生,祝您平安快乐、睿智常在、延年益寿,来年一切顺利!但愿我们亲爱的国家能继续幸福美满,继续受到护佑。上帝保佑您。"

我成段引述感谢卡上的留言,是为了突显新旧两代人在观念上的落差是何等巨大,从早一辈人,包括这位写卡人、他的同辈、前辈,到把所有成就都视为理所当然的年轻一代。欧阳先生这一代人,见证了新加坡怎么历经艰辛困苦,从动荡不安的60年代发展到今天,已是一个繁荣兴盛有活力的国际大都会,足以为受过良好教育的人民创造待遇优厚的工作。许多年长一辈新加坡人的居住环境也从简陋的棚屋提升到高耸住屋,拥有一切舒适方便的现代设施,四周邻里安全稳妥。他们更能充分体会这个国家必须具备哪些条件,又面对哪些脆弱性——我们是怎么努力才建立起今日成就,又必须怎么做才能继续取得成功。然而年轻选民的看法不一样。打

六　新加坡：处在十字路口

从一生下来,他们身处的新加坡,就是一个已经在各个方面尽善尽美的国家,他们看到的体制,不断地在维持稳定、创造财富。 年轻一代会问:"奇迹到底在哪里?"

行动党过去几十年来得以持续在大选中大获全胜或近乎横扫所有国会议席,正因为年长一辈选民占了大多数。 1959年至1990年我担任总理期间,随着经济惊人的发展,每个人也看到他所分享的成果,行动党因此在人民的拥护下一再地在大选中以压倒性胜利重新执政。 1990年至2004年间吴作栋接任,情况也一样。 但渐渐地,潮势逼近巅峰,要以让选民足以感受得到的方式超越巅峰,变得越来越困难。 大多数年长的新加坡人还是愿意继续支持行动党,毕竟对早年的新加坡他们仍然记忆犹新,也能体会到即便有了成熟完善的经济体制,良好治国还是很重要,甚至更为重要。 但年轻人可不这么想,他们会以为今日的成就是稳固牢靠的。

选民结构改变的趋势,正毫不留情地冲击着我们。 2001年,吴作栋最后一次领军的大选,行动党取得压倒性胜利,总得票率75%,仅输掉两席。 那届大选的选民当中,独立前的选民人数相对于独立后选民人数,比例是2比1。 到了2011年大选,这个比例倒了过来,51对49,以1965年后出世的选民居多。 那届大选,行动党总得票率跌至60%,反对党赢得6个议席。

当然,也不应忽略了每届大选存在的直接因素。 以上述两届大选而言,这些直接因素尤其重要。 2001年,美国"9·11"事件刚爆发,环球氛围充满变数,这些都很可能促使选民选择政绩基础扎实的政党。 到了2011年,至少有两大因素对行动党不利。

一是工人党领袖刘程强推出了国际企业律师陈硕茂为候选人。 陈硕茂的履历条件非常亮眼,看起来是个人才。 刘程强决定转战阿裕尼集选区，与陈硕茂和党主席林瑞莲一起组团参选。他们传达给选民的信息再清楚不过了："我们孤注一掷，把实力最强的候选人都齐集这里了，请让我们拿下一个集选区吧。"果然，他们赢了。

不过，结果陈硕茂并不如想象中出色。在国会里，他根据预先写好的讲稿，还说得不错。但一旦进入后续辩论，他就阵脚大乱，似乎总在状况之外。要是他真的思路清晰，对辩论的课题有过透彻思考，那在国会上的这种表现，只能说明他把自己的实力隐藏得太好了。这么想的不光是我一个人，政治新闻专线记者以及坐在国会旁听席上的选民，相信也都有同感。这个人物亮出的漂亮履历让公众对他的期待很高，但也可能因此而失望更深。

另一个显著影响2011年大选结果的因素，是外来人口大量涌入引发民怨。很遗憾，就这点，我们可作的选择其实很少。本地生育率未能达到人口替代水平，再不引进外来移民与外籍客工，这个国家就撑不下去了。政府放慢了引进外来人口的速度，减少人民的困扰。但不满情绪仍会继续存在一些时日；因为，哪怕公共交通业者再怎么增加巴士和地铁服务趟次，乘客还是得日复一日承受着挤车的痛苦，所以依然会日复一日地烦躁生气。

然而，要认真探讨大势所趋，就得先把这种种短期因素暂且搁置。你得问问自己，下一届大选，或后一届大选，把这些短期因素全抽掉，情况会不会回复到2011年以前的旧常状态？我相信答案绝对是否定的。眼下的问题不是哪一位候选人或哪一个政策令人民不满，而是一些年轻选民渴望在政治上看到更多竞争。

今后事态会怎么发展，至少某种程度上将取决于人民行动党与反对党有些什么作为。反对党能不能不负众望，达到自己非常努力建立起来的自我期许，当一个第一世界反对党？他们能不能说服足够的优秀人才,足以和行动党前座议员与内阁部长相提并论的人才加入反对党阵营? 对这点,我实在很怀疑。 很少有商界、学术界或专业领域人士会甘于在反对党议席待个三五任才组织政府的。 想从政的话,最好加入行动党,毕竟这是个已有组织也已有政绩的政党。

行动党当然也不会静止不动。 这个政党会继续为选民推出年轻、可靠、认真的人才,向新一代选民伸出触角,争取信任。 我们在2011年引进的好几位最优秀的候选人,之后都相继入阁。 现任教育部长王瑞杰,是我历来的首席私人秘书之中最好的一位。 只可惜他的个子不高,在群众大会上跟其他人不一样,但他的思辨能力是我合作过的公务员当中最强的。 还有其他几位新候选人,如今也在内阁内,包括陈振声、陈川仁、黄循财。 我们要对选民说的是:"我们招揽的人才展现的是这等素质。 我们可不想坐以待毙。"可是反对党能培养出与行动党年轻一代部长并驾齐驱的人才吗? 更别说像总理李显龙或副总理张志贤与尚达曼这等人才了。

尽管如此,即便行动党再怎么认真努力,年轻的新加坡人最终要的可能还不只是政治上的竞争,而是全面的两党制。 他们自有选择的权利。 毕竟每一代新加坡人都有权自行决定他们要建立一个怎么样的国家,要塑造一个什么样的社会。 但我希望年轻人不要轻率地做决定,而是考虑后果、权衡得失。 因为后果终究得由他们自己承担,不是我,或者我的那一代人。 到后果浮现的时候,我们早已经不在了。

两党制最大的问题是,一旦落实,最优秀的人才不会选择从政。 参选得冒很大风险。 竞选活动会变得非常不文明,甚至卑鄙恶毒。 如果你才干超群、事业有成,何必为了参选而冒这么大的风险？不只赌上自己的利益，还会牵连家人。你也许宁可置身事外不蹚这趟浑水，继续过着好日子。

要在每一届大选中说服最优秀和最有承担的人挺身而出参选，是艰巨的任务。因为国家前景一片大好，实在没几个人愿意牺牲美好事业前途转而从政。今后如果演变为两党制，这项挑战该会有多么困难！这不只意味着我们的甲队将一分为二，或者一半时间由甲队执政，另一半时间换乙队执政。不只这样。情况也许比这两种局面还要更糟，那就是，甲队可能连乙队也如此，对政治避之不及，宁可专注于其他领域。如此一来，执政的就只能是丙、丁、戊队了。

打个比方说，如果当年林金山能不能当选还是个很大的未知数，我会更难以说服他从政。如果当年的情势是难以预测的，随时可能逆转的，任何人的正常反应都会是，你找别人去吧。但我们把他放到一个有必胜把握的选区竞选。如果林金山当年拒绝从政，对新加坡来说会是个多么大的损失！是他一手创建了建屋发展局；没有了这个主管公共住屋的官方机构，新加坡今天会是完全两样。倘若新加坡允许平庸的人来治理，这个国家必定往下沉，沦为一个再平庸不过的城市。

如果你看其他全面实行两党制的国家，你将得出同样的结论。比如英国，只要看看牛津和剑桥一等荣誉学位毕业生名单，研究这些人从事的行业，从政的没几个，你会发现他们大多都进了银行界、金融界和专业领域；而国会里的前座议员往往都不是最杰出的人才，更非最优秀的律师或医生。美国也如此。当上《财富》杂志500强的总裁，日子肯定比从政更好过，渴望当总裁的青年才俊自然远比希望当美国总统的人来得多。但与英美这些国家相比，新加坡的差别是：英美等国即使只能有个平庸的政府，国家一样可以继续发展；但新加坡做不到。这是一个弹丸小国，没有任何资源，从历史角度来看，它处在一个多变的地区。这片土地，需要的是一支超凡的领导团队。

很遗憾，即便一切维持现状，部长减薪已足以使我们越来越难吸引最优秀的人才从政。讨论部长减薪时，如果我还是内阁部长，一定会坚决反对。但年轻一代的部长决定顺应民意。诚然，世界上没有其他国家像新加坡这样付给部长如此高薪，但世界上确实也没其他岛屿能像新加坡如此发达——闪亮、整洁、安全、没有贪污、犯罪率低。人们夜里可以在街上散步或慢跑，妇女不会遇袭，警方绝不受贿，意图行贿的人会被严惩。这一切都不是偶然发生的，而是凭借一套需要高薪受雇的部长才有办法构建而成的生态系统。

每一次减薪，部长因为放弃其专业或银行事业而做出的牺牲就更大。一些人最终会对自己说："我不介意做个半任，两年半，就当是国民服役吧。但再久一点，谢谢，我可不干。"最终后果是，政府将形同旋转门，既缺乏对事物课题的深入了解，又找不到从长远的角度去思考问题的动力。

100年以后，新加坡还会存在吗？我实在不敢说。美国、中国、英国、澳大利亚，这些国家在百年后都还会存在。但新加坡独立建国不过是近年的事。早一代的新加坡人从无到有、建立了新加坡。我们那一代人真的做得很好。当年我领导这个国家，是穷尽一切努力来巩固每一分成就。吴作栋也是。现在，在李显龙和他的团队领导下，这个国家会在未来至少10年到15年内继续繁荣兴盛。但之后，国家要往哪个方向走，将取决于新加坡年轻一代做出什么样的决定。无论选择是什么，我敢肯定的是，新加坡一旦选出一个愚蠢的政府，我们就全完了。国家将会沉沦，化为乌有。

问：2011 年大选后，政府是不是越来越往民粹路线靠拢？

答：不，我并不这么认为。我们输掉了一个集选区，失去 6 个国会议席。算不上一场大灾难。

问：您说行动党引进优秀的候选人如王瑞杰，这些人才也都入了阁。但年轻一代似乎只希望国会里有更多反对党议员，不管素质好不好……

答：我无从预测也无意否定他们最终所作的选择。

问：但这个趋势会不会令您操心？

答：不，我的任务完成了。我已经 89 岁了，还会去担心世界末日是否到来吗？我构建了一个清廉开放、任人唯贤和开放的体制，我的任务已经完成。

问：但您相信如果年轻一代选择两党制，新加坡就必定会从此平庸？

答：必定会如此。而正如我说过的，如果年轻一代人都认为新加坡可以只甘于当个普通的城市、平凡的国家，这个结果必然会出现。

问：行动党可能在这种情况发生前就失去执政地位吗？

六 新加坡：处在十字路口

答：我不敢肯定行动党会在三、四或五届大选后依然执政。

问：如果行动党作出改变，回应人民的要求呢？

答：不。不如你来说说看行动党应该怎么改变，人民的要求又是什么。

问：比如说，许多人认同行动党的核心价值观，但希望看到更多从"心"出发的关怀。

答：从"心"出发？说得具体一点。

问：一，部长别总是摆出居高临下的姿态；二，拨出更多款项缓解社会问题，不过这当然得牵涉整个财务原则。这就是人民普遍的两大期许。

答：你说"居高临下"，是什么意思？

问：避免高高在上训斥说教的姿态。也许在制定政策时多一些协商过程。

答：这正是张志贤与尚达曼的作风啊。

问：大选前后，舆论都在议论着行动党应该怎么转型。

答：没有啊，谁在议论？

问：杨荣文是其中一个。

答：不，不是的。杨荣文败选了。而每一次败选过后都必定会有一番彻底的检讨和反思。但这并不意味着你得改变一些基本价值观与基本方针。

问：就部长薪金课题，在您看来，政府是不是太过迁就民间情绪了？

答：不是。我并没说他们迁就民间情绪。他们只是设法回应人民情绪上的转变。

问：但在您看来，这么做是得付出代价的。

答：绝对是。

问：可是，即使在部长薪金偏高的时候，行动党议员也多是从公共部门招揽，而非来自私人企业。

答：不是的。我拉了林金山，还有其他一些人。

问：但那是个不一样的年代，当年的部长薪金并没有今天这么高。

六　新加坡：处在十字路口

答：不，你不能这么说，薪酬是重要的。当年如果牺牲太大，他做了一任后就会选择不干。但他坚持了下来，创建了建屋发展局，让每个人现在都拥有房子。他做满一任后觉得还是值得留下来。

问：对于新加坡，您最担心什么？

答：我没什么好担心的。我的任务已经完成了。找到了接班人，把棒子交给下一代。我的任务到此为止。我没法永远活得像个四五十岁充满活力的年轻人。

问：看着新加坡未来的走向，会不会让您有时候觉得难过？

答：告诉你我的真实感受吧。对于以后会发生的事，我早已认了。没什么好难过的。完全看现在成长的一代人，他们会怎么做。他们是不是还跟父母的那一代人有着同一套价值观？

问：我们是否可能达到一个平衡点，既不是像过去行动党的一党专政，也不全然是个两党制，而是介于两者之间？也许，反对党三分之一，执政党三分之二……

答：你认为有这个可能吗？假如你有三个孩子，你能够说服其中两个投票支持行动党，而第三个把票投给反对党吗？

人口政策

如果我现在还主政,我会把婴儿花红定为国人平均年薪的一倍,这笔花红足够应付孩子从诞生到至少进入小学的开销。 但这会大幅度刺激生育率吗? 并不会。 在我看来,即使是巨额的金钱奖励,对生育率还是起不了太大的作用。 但我还是会坚持推出丰厚的婴儿花红,为期至少一年,这纯粹为了证明我国的低生育率完全不关乎经济或财务因素,如生活费高涨,或政府没为家长提供足够援助等说法。 生育率下降,是因为生活方式与思维观念已经不一样了。 如果我们已经无法在奖励方面再多做些什么来鼓励国人生育,那就得实事求是,问问自己还有什么其他方案,才能制止这个社会在几代人时间内就渐渐消失。

1959年,我刚当上总理的第一年,新加坡共有6.2万个婴儿诞生。 50年之后,情况完全逆转。 居住人口翻上一倍多,但婴儿人数却骤降。 2011年,只有39,654个婴儿诞生。 平均生育率从80年代末的几乎2.0,下降到2010年的1.15新低,而人口替代水平应为2.1。每逢农历龙年,生育率总会小幅上涨,但纵观过去三轮龙年,分别是1988年、2000年、2012年,生育率增幅却是不断在缩小,与总体生育率下滑的趋势是相吻合的。

无论以什么方式来划分我国人口结构,所得出的数字都在不断地缩小,哪一组人口都好,生育率都在下降。根据2012年的初步统计,华族总生育率是1.18,印族1.14,马来族1.69。这意味着,如果我们什么也不做,华族与印族人口会一代代减半,马来族人口则是代代缩减五分之一。越来越多国人选择不结婚或晚婚,不生育或少生育。已婚妇女当中,年龄介于30岁至39岁的,子女平均数十年来从1.74降至1.48。40岁至49岁已婚妇女,子女平均数从原来的2.17降至1.99。单身者则稳健上升,30岁至34岁的男性人口,多达45.6%单身。同龄的女性人口,32.3%单身。

以目前的生育率看来,如果不引进外来人口,年轻人口在一代人时间内将更难以承担人口老化所带来的负担。劳动人口相对于65岁以上的老龄人口比例,会在一代人时间里,从2012年的5.9,缩减到2030年的2.1。也只有大熊猫在替代问题上跟我们陷入相同困境,但起码大熊猫不必担心有没有足够资源确保老熊猫得到妥善照顾。

有些人甚至非议,是政府在70年代大力推行"两个就够了"节育运动,才造成我国今日的困境。真是荒谬之极。生育问题并非我国独有。生活方式的改变放诸发达世界全一个样,从日本到欧洲皆是。一旦妇女受教育,有了平等的就业机会,她们就再也不把生儿育女照顾家庭视为首要任务。妇女要像男人一样充分发展事业,要更多闲暇时光,到处旅游看世界,不想受子女所牵绊负累。现在的妇女在经济上独立得多,对是否成家、要选择怎样的对象,有着全然不同的要求。我们不可能让时光倒流,除非不再让妇女受教育,但是这么做根本毫无意义。

许多西方国家渐渐开始接受同居文化,或承认非婚生子女。这么做也许有助于改善生育率问题,也能为婴儿创造更大的空间。即使是亚洲社会,未婚妈妈也不再那么受歧视,实际上好些社会甚至为单亲妈妈提供额外帮助,这却在无意间有效地鼓励了不婚现象。新加坡在这方面还是一个非常传统的亚洲社会。虽然同居现象开始普遍,但是非婚者有子女的例子还属于少数,毕竟还是摆脱不了社会禁忌。如果社会规范改变了,生育率是可能有所提升的。但我预见社会规范在这方面的改变将会非常缓慢,而政府不可能反而走在人们前头。何况非婚生子女一旦增加,也会带来其他社会问题和挑战,就像其他有较多单亲家庭的社会一样。

新加坡人对引进外来人口的做法有着强烈反感,但政府几乎是在无计可施之下才出此下策的。处处见到长相、口音、行为举止与我们不太一样的人,自然会让人不自在。我也宁可多看熟悉的脸孔。但是,我们愿意生育吗?我们是要面对现实,认清引进新移民是个必须接受的现实;还是要任由新加坡持续萎缩、老化、失去活力?

移民政策面对三重局限:

首先,引进外来移民的步伐不应超出政治上所能承受的水平,否则会引起民间反感,结果得不偿失。针对我们究竟需要多少移民,社会必须达成共识。以目前的情况来说,也许一年引进1.5万到2.5万个外来移民,会是个大家都可接受的水平。再少一点,数据上来说,实在无法在现有的生育率基础上制止人口继续萎缩。不过,一旦政府成功地让国人充分意识到问题的严重性,足以发动全民共同克服困境，外来移民数据理应逐步增加，尤其未来当人口老化的冲击越来越显著时，更须如此。

其次，就算国人最终愿意包容更多外来移民，社会对容纳外来移民总还得有个限度，超出了这个限度，本地原有的文化和精神面貌就会显著地受外来因素所影响，而这正是我们最不希望看到的结果。 当移民人数相对于本地人口尚属少数时，他们自然会更主动地与本地人打成一片，融入本地现有文化。 这个融合过程即使无法在第一代移民身上完成，也会通过移民的子女来完成。 而一旦移民人数达到临界点，他们会渴望突显自我，继续保有独特性。 而且，如果移民人口够多，他们甚至能强力改变本地的文化。 说句实在话，纵然有再多的不愿意，某些改变还是正面积极的。 但如果我们真的允许自己走到那个地步，对于移民文化要如何去芜存菁，哪些成分值得汲取，哪些成分又应该排除，我们恐怕也管不来了。 我们已经看到这些文化中一些负面元素的明确例子。 打个比方，新移民原来的居住国也许是个相对单一的社会，不习惯与不同种族的人毗邻而居。 又或者，新移民原来居住的社会有多层阶级之分，有别于新加坡社会的无明显阶级观念，人与人之间的相处方式也会有所差别。新移民潜意识里的社会态度未必能全然融入新加坡原有的一套社会标准和行为规范，难免要引起摩擦。 我们必须避免让这些外来的社会态度侵蚀本地原有的生活方式。

最后一点是，实践经验证实，这些新移民并不会显著地提高我们的生育率，因为他们也和新加坡人一样不愿意多生育。 新移民是替代我们所缺的年轻人口，但他们所生育的下一代，也一样不足以替代他们上一代的人数。 所以，一代代引进新移民，对人口问题不过是权宜之计，始终无法长远地从根本解决问题，只能永无休止地引进一波波的新移民。要改变这场游戏规则,我们真正需要的是改变观念,多生儿育女,换一种方式过日子。

尽管移民政策的局限清楚地摆在眼前,我们必须明白,短期内没有其他可行的方案。我们必须以开放的胸襟看待新移民所带来的多元面貌。如果在学校、在工作场所,能把这多元关系处理好,有助于我们开阔视野,促进思想交流。永久居民都可能成为公民,只是现阶段,也许我们国家或他们自己尚未就成为公民与否做出最后决定。我们应该逐步帮助他们融入,使他们认同我们的价值观和社会规范,让他们成为潜在公民。至于外籍客工,我们感激他们在协助建设与改善新加坡方面发挥了积极的作用,但他们会在工作几年后就离开新加坡,并不会进一步加重我们人口老龄化的负担。

我有七个孙子,全都是二十来岁,至今还没有一个成家。我想他们恐怕都要过了三十岁才结婚,但到了那个年龄也很难再多生育了。在他们同一代人当中,这样的选择相当普遍。很不幸,每一个人都根据自己的周详盘算、自我人生观和世界观做决定,整个社会却也同时正向危险边缘渐行渐近。对新加坡来说,后果将非同小可。世界上可有任何国家在人口萎缩的同时还会继续繁荣兴盛?如果要我说出哪个问题对新加坡的生存威胁最大,我会说是人口问题。这个问题我无从解决,也早已放弃。我已经把这个工作移交给下一代领袖,也只能希望他们或未来的接班人最终能找到出路。

六　新加坡：处在十字路口

问：您认为目前的这一代领导人有办法解决人口问题吗？

答：这你得问他们了。他们还能做什么呢？副总理张志贤提呈了人口白皮书，再多等几年吧，让白皮书付诸实行，再来看看那些措施是否奏效。你有什么想法也请告诉我们。如果实际可行，我们会把它纳入计划中。得从本质上彻底改变生活方式。德国人也不生育，所以土耳其人进来接替了德国人的工作。亚洲四小龙，没有一个达到人口替代水平。只有美国人还好，但我想拉美裔生育得比白种人快。至于中国，推行的是独生子女政策，他们很快会发现独生子女得一人独自奉养祖父母和外祖父母四个老人，必定后悔莫及。

问：我们可否仿效斯堪的纳维亚国家的模式，在幼童入学前给予广泛支援，例如提供托儿设施，以协助家中有年幼孩童家长减轻负担？

答：行不通的。我说过了，斯堪的纳维亚国家的社会作业模式就像部落族群，随时愿意相互分享资源。我不认为我们应该像他们一样向人民征收重税。即使为托儿服务提供大幅资助甚至全额资助，也很可能对生育率起不了任何作用。

问：另一个跟生育相关的课题是住房。有个说法是房价太高了，人们的收入有大半用来偿还房贷，养家糊口就更不容易。再加上现在的组屋也越建越小。

答：土地有限。就如我所说，这涉及生活方式的改变多过于这些因素。过去，人们的生活环境更拥挤，却也生育更多孩子。

问：您可将组屋建到50层楼高。

答：许文远说的想必你读过了。这事由他掌管。他说过，会在接下来几年内解决问题。但并不是组屋越建越大就能解决问题的。你说，建高些；但是楼层越高，电梯也越贵，维修费、装置费都会增加。

问：我们必须想办法拉低成本。

答：不。我说，我们必须想办法让家庭有更多小孩。房子更大更便宜，无疑大家很满意，可是到头来还是只会生一个小孩。问题在于生活方式。已婚夫妇至今还是无法自我替代。接近了，可还是达不到2.1的替代水平。而考虑到30岁出头的女性，三人中就有一人未婚，已婚夫妇其实生两个还不够，需要生三个宝宝，才足以补足单身男女的替代率。

问：在我看来，大部分单身人士其实都是想结婚的。只是不知什么原因就是找不到合适的结婚对象。

六　新加坡：处在十字路口

答：“不知什么”的原因就是，他们想要过舒适的生活。这些人养得起自己，可以慢慢等待理想男人出现，这个男人最好赚得比自己多。如果这个理想男人不出现，她们就宁可不嫁。

问：目前接受试管授精可享有津贴。我们是否应该考虑增加人工受孕津贴，尤其因为现代人越来越迟婚，在生育方面会更需要最新医学技术来辅助？

答：这么做的话会有风险。可能引发各种复杂的状况，如增加多胞胎概率，高龄母亲，婴儿可能早产。也得注意求取平衡，我们可不想鼓励人们迟婚，让人误以为有了人工受孕术，也能解决生儿育女的问题。

问：假设移民浪潮有朝一日真的改变了新加坡社会，什么样的改变最让您忧心？

答：那得要看是哪些新移民。

问：如果大部分来自中国呢？

答：不是中国而已，而是中国的各个不同省市，在这里形成一个多语言社群。的确，他们都会说华语，但全来自不同背景，都必须调整自己融入新加坡社会。不过，一旦他们成为大多数，就或许会改变我们。

问：既然大多数新加坡华人都源自中国南方省份，我们可不可能也多引进南方人？这样是否行得通？其实有些人注意到，比如来自福建的移民吧，要比来自北方省份的移民更容易融入本地社会。

答：这不行，我们不可以凭省份引进移民。主要考量应是：融合度、对经济的贡献、资历。一代人之后，他们会改变的，他们的下一代会成为新加坡人。我们要的是资质才能最优秀的人，而不是因为他是福建人或广东人。

问：移民政策也影响了本地的种族结构。

答：是的。我们也很努力地在维持种族结构平衡。毕竟大家长久以来都能互相包容、融洽相处，而一旦任何一个族群忽然涌来大量新移民，影响了原有的结构平衡，麻烦就来了。其实这个问题现在已经开始浮现了，印族人数正渐渐追上马来族。光是公民人数还不至于，但连永久居民算在内的话就几乎赶上了，原因是我们引进许多高端资讯科技人才，本地共有四所印度人学校。这个现象确实让人不安。

问：印度族人数会不会有一天超越马来族？

答：不会，绝对不会。我们不会让这种情况发生。

经　济

新加坡是个非常开放的经济体。打从新马分家那一刻起，我们就沦为被切割在外、与腹地断了纽带的港城，注定只能借着与世界各地建立广泛联系才得以生存发展。正因为与世界相通，我们才能够借着二战之后席卷全球的快速增长势头取得繁荣。根据世界贸易组织提供的数据，新加坡今天的贸易总额占国内生产总值的416%，比邻国马来西亚（167%）与印度尼西亚（47%）要高出许多，也超越了其他在现代化发展初期以外向型策略为导向的亚洲经济体，如台湾地区（135%）、韩国（107%）和泰国（138%）。唯独香港（393%）在经济上的开放程度比得上新加坡，但也只有在把香港与中国内地的贸易往来也视为外贸，香港才能有相等的成绩。

正因为新加坡十分依赖这些环球联系，致使我们对世界其他角落的任何风吹草动，或不在自己控制范围内的事愈发敏感和显得脆弱。为了避免依附于任何一股单一的外在势力，我们只有尽可能地多边押注、分散风险。但打个比方说，一旦经济放缓影响世界各主要经济体，那就别指望新加坡还能全身而退。同样的道理，如果西方发达经济体每年取得2%至3%的增长率，而中国增长达7%或8%，新加坡的情况自然也不会太坏，平均可取得2%至4%的增长。

万一东南亚局势动荡，我们也会跟着遭殃。跨国企业会唯恐整个区域不稳定而撤资或延后注资。还好就现阶段来说，这样的可能性不大。马来西亚看起来一切安稳，印度尼西亚也早已不再遵循苏加诺时代咄咄逼人的强硬路线，缅甸正在逐步开放，泰国从来就是一个自由市场。东南亚区域一片风平浪静，此番好景如果能持续，新加坡自会从中获益。

新加坡国内局势也得要持续平稳才行。如果走回上世纪50年代的老路，华校生和工人静坐罢工，处处悬挂着布条标语，反复彰显政治斗争意识和社会潜在矛盾，那外企该往哪里投资？外企怎么还会要到这里来？工业关系目前还算是平静的，一如过去几十个年头；这得归功于蒂凡那等第一代工会领袖的努力，他们不只为工友争取福利，更关注社会大众的福祉。那一代工会领袖总有办法低调而有效地化解纷争，不对国家大局或基本民众服务造成任何损害。对外企来说，工业关系稳定，绝对是吸引它们前来投资的主因之一。为了巩固劳资政三方体系，我们总会委任一位工会领袖入阁。而劳资政三方相互理解体谅的关系一旦动摇，新加坡的处境也必然岌岌可危。

最后，我们得时时保持竞争力，灵活且迅速地因应新的实际情况。我不能断定二三十年后的新情况将是怎么样。但我们在过去几十年奠下了很好的优势：劳动队伍受过良好教育并以英文为第一语文、华文为第二语文；法治制度完善，尊重知识产权；各个领域

六　新加坡：处在十字路口

都随时准备引进最新科技；政府清廉且高度透明，并时时创造利于经商的环境。

遗憾的是，随着经济持续增长，收入差距也日益扩大。这并不是新加坡独有的现象。如今身处全球化世界，竞争的结果只能是最底层的收入越压越低，而最顶层人才因为流动性高继续受全球竞相招揽，收入也更多。就新加坡在这方面的表现来说，确实比我们面对的批评好太多了。大家都为欧洲社会的福利制度津津乐道；那么究竟欧洲有哪一个城市能做到为全国超过八成的居民提供公共住房，而且绝大多数人又能拥有自己的房子？

当然，我并不是说我们就应该为此而沾沾自喜。政府必须认真处理收入差距的问题，否则新加坡难以上下一心。问题在于，我们该怎么做，才不会伤害整体的竞争力？

我反对过度干预自由市场作业，因为这么做会扭曲自由市场的潜在诱因与效率，一旦根深蒂固就难以还原。一个例子是，为最低工资设定底限。比较有效的方法是，让自由市场自行运作，达致最理想的经济产量，政府最后才介入，向富人征税，救济贫困者。新加坡在某个程度上是在这么做的。其实富人向来都在承担大部分税务，这包括个人所得税、消费税、房地产税等，帮助提高国家税收，政府才能通过消费税回扣、水电费回扣、申购组屋津贴、就业入息补助金等各种各样的现有计划，实践财富再分配原则。不过，我们得谨慎行事，避免过度增税，否则有能力移民的富人将纷纷远走他乡。早一代的人早已根植新加坡，也许大多数人还是会愿意留下来。年轻有为的一群可不这么想，毕竟大同世界处处有机遇，移民的诱惑恐怕更难以抵挡。

也有人认为，外籍客工近十年来大量涌入，拉低了新加坡低技能员工的工资水平，导致收入差距进一步扩大。 我不否认在一定程度上的确如此。 然而，新加坡的现实情况是，如果我们不引进外劳，中小型企业迟早会垮；这些中小型企业占了国内生产总值近乎一半，同时为就业市场制造多达七成的工作，一旦垮台，对本地低薪工友的冲击肯定更大。 当然，我们引进的外劳也确实达到了临界点，不只引起人民的不满，也找不到足够地方为外劳提供住宿。 政府近年来的确开始收紧外劳人数，但权衡的标准依然没变——过度收紧外劳政策必定会拖慢经济增长。 个中微妙的平衡点，不一定能让民众所接受，毕竟讨好的措施总是比较受欢迎，这也是可以理解的。 但政府绝对有责任继续把关，确保经济能持续健康稳妥。

六　新加坡：处在十字路口

问：谈到经济发展，我们需要在策略上进行哪些调整？

答：可调整的策略包括加强国内消费。但新加坡人口那么少，国内消费起不了太大作用。中国和印度都可以刺激国内消费。我们不可能。

问：接下来还可能有哪些领域是值得我们重点发展的？就好比过去的生命科学领域。

答：也许吧。但必须对这个领域的发展潜能以及持续发展的前景有相当的把握与信心，同时还得确保领域里有足够的人才。

问：生命科学领域的大跃进，也是因为我们之前已经有了十足信心和把握？

答：不，恐怕我们还只是走出了一小步而已。我们培训了更多博士推进生命科学研究与开发，但要从建立研究实力到取得经济回报，还有一段很长的路要走。

问：在提高生产力方面，我们还落在许多发达国家后头。以制造业和服务业来说，新加坡的生产力只有日本或美国的55%至65%。

答：因为我们还有大量外来移民不会说英语，也难以顺利融入劳动队伍。他们当中好些只是持工作准证，并不打算久留，花个几年时间把技能学上手了就离开。

问：谈到收入差距问题，尽管新加坡面对某些局限，我们能不能做得更多，来提升底层工人的工资水平？

答：其实不平等现象之所以产生，也是因为劳动队伍最底层有大批中国和印度工人的供应来源，不是指这里，而是指中国和印度。所以，除非你有一技之长，否则这个差距只会让你更加处于劣势。可是你问问自己吧，如果政府大幅缩减外籍劳工，有多少中小型企业会遭殃？

问：可这不就是一个先有鸡还是先有蛋的问题吗？正因为聘请外籍劳工如此方便低廉，中小型企业很自然地继续依赖外籍劳工。一旦来源收紧，公司就得被迫改变经营方式另寻出路。也许有些会撑不下去而倒闭，但为了迫使经济更能提高生产力，也许必须做出一些牺牲？

答：切断外籍劳工来源，中小型企业会崩溃。

问：那会是坏事吗？也许是一个必要的转型过程？

答：中小型企业如果崩溃，我们也会流失超过一半的国内生产总值。

六　新加坡：处在十字路口

问：从某个角度看，政府不正在尝试这么做吗？政府正在设法放缓外籍劳工队伍的增长。

答：是的。但那是因为人民对外籍劳工太多感到不自在。这么做可不是为了经济。如果从经济角度看，我们是应该继续引进外籍劳工的。

问：所以您认为接下来会怎么样呢？我们开始收紧外劳人数，就必定意味着会流失一半的经济所得吗？

答：停止发放工作准证给现有外劳，的确会造成经济萎缩。但我们其实只是维持现状，减缓新外劳进来的人数。不是完全制止。完全喊停的话，麻烦就来了。

问：我们的税率比起其他许多发达国家都来得低。应该进一步提升吗？

答：增税幅度太大的话，会逼走很多最顶尖的人才。我们的人才已经在不断流失了，许多学生到美国留学，学成后被大公司看上，从此就不回来了。中年以上的人会留下来，他们没有选择。可是中年以下的一群人有条件来去自如，他们会成批出走。新加坡少了最顶尖的人才，整个国家将不再一样。如果没有我们这一代人，新加坡不会有今天。是吴庆瑞、拉惹勒南和林金山，他们协助创建了这个地方。换作是今天，他们恐怕已经远走他乡到美国微软就职，从此不再回来了。

问：但您和您那一代领袖在世界最好的大学学成后，不也决定回到新加坡？怎么年轻一代的新加坡人就没可能也受到使命感召唤，选择回国服务？

答：我的那一代人……在英美完成学业后是不准留下来的。

问：您没想过要留在英国当律师吗？

答：不，我会讨不到生活。我没在英国执业过，是回来后才在这里开始工作。

问：李显龙总理那一代人呢？我要说的是，回不回国，经济机遇也许不是唯一考量？

答：当然不是。会让他们回国的原因只有一个，就是父母。

问：那当然是主因。但是难道就没有爱国情怀吗？或者，要回来为国奉献的某种使命感？

答：你在说的是一个全球化的世界啊。整个天下是他们的舞台。

问：也许新加坡在这个大舞台上始终占据了一个特别的位置？

答：不。过去的世界还未全球化。如今已经全球化了。

问：您可留意到最近因林崇椰教授的言论而引发的一场讨论？他主张展开另一次工资革命。

答：林崇椰是个学者，目的在于激发讨论。他可有具体计划，说："认真要做的话，要这么执行？"总理和部长都不把他的话当真。有个部长回应了他，他承认自己不过是把球踢出去等人来追，而不是自己带球直捣龙门。

问：他没法带球跑呀，他的位置做不到。

答：不是的。如果他有周详的计划，大可具体地列出：第一步，第二步，第三、第四、第五步，攻破龙门。

问：随着我们渐渐转型为知识经济，可不可能因此而越来越仰赖革新主意，以及像Twitter和Facebook这类改变整个游戏规则的玩意儿？

答：不会的。要等多久才可能等到一个比尔·盖茨出现？新加坡人口只有300万。中国有13亿人，但论创意还比不上美国人。印度也是。为什么呢？那是因为自清教徒移民美国之后，美国就吸引了顶尖人才不断涌入，现在已是世界各地高素质人才的聚集地。

中东

春残无夏

当轰轰烈烈的所谓"阿拉伯之春"终于尘埃落定,也许世界总算恍然大悟,其实这个区域的治理和制度也没因此而历经多大转型。看似出现好些戏剧性的变化,在新闻记者笔下更是成了风起云涌的革命浪潮;但要在几十年后再拿起广角镜回顾这段时间所发生的事,我会十分怀疑,这段时间是否真有哪一场革命,会真正促成阿拉伯世界实质而永久地走向民主治国。比较可能出现的结果反而是,这些民主试验大多数不会长久持续。如今有好几个国家正朝一人一票制度踽踽前进,但预料过不了多久,也都会一一被打回原形,回到一人专政或阴谋集团主政的体制。换句话说,春之后,夏秋冬接踵而来,自古以来皆如是,日子还是要继续。

中东世界在历史上没有少数服从多数的传统。打从远古的伊斯兰教时代,到比较近代的殖民统治,到后殖民时代民族主义运动兴起,这个地区从来就没有民主传统。当年英法保护领地分裂为各个独立国家之后,全都演变成一人专政体制。这不是巧合,而是有着根深蒂固的社会文化因素。

当然，有人会说，民主主义在人类史上还算是个比较新颖的概念，总得要有个起步吧；其他许多地方，包括好几个亚洲国家，民主也是在缺乏传统背景的情况下开始萌芽扎根。或至少看起来是如此。但较之这些地方，中东还有个重要区别。除了不曾有过代议政治的实际经验，中东也缺乏某些必要的社会元素，去建构一个让民主主义足以萌芽扎根的坚实基础。

首先是公民平权。意即你我即使在财富、社会地位、成就、体质和智力等方面有差别，只要同为一国子民，我们还是平等的。凡国家赋予任何公民的权益与义务，你我也都共同享有、共同担当。法律上你我平等，道德上亦然。公民平权，这是发展实质民主程序与体制不可或缺的前提条件，不光需要在知识界和进步圈中受到认可，还必须能深入社会民间。

但我们在中东许多地方看到的却是部落或封建制度。沙特阿拉伯的部落领袖每年都必须给国王进贡，就像中国古时候那样，国王会回赐更厚重的礼物。平民百姓效忠的对象是部落而不是国家，因为国家的概念根本不存在，更谈不上忠于公民同胞。我在几年前曾跟一位刚完成任期要离开沙特的美国外交官交谈过，他也同意我的看法。他告诉我，沙特奉行的是封建制度。利比亚同样算不上是一个全民团结的国家，而是由无数个部落凑合而成，更有地方主义因素作祟。在这些部落国度里，一个政权垮台后，有可能导致政治规则出现显著改变或重新整顿——谁说了算。可是民主体制终究还是难以生根，因为政治体制的基本单位由始至终都不是公民，而是部落。

观察家指出，其实好些阿拉伯政权已经称得上是现代意义上的国家，其中又以埃及、摩洛哥和突尼斯最为突出。 但即使是这几个国家，也还缺乏第二个同样重要的元素：民主体制要趋于成熟，要让公民不单能接受革命以后的首届大选的结果，还要接受接下来每一届大选的结果。 这个元素，我称之为：让经济真正发展起来的"资本"。

这些国家之所以缺乏这方面的能力，是因为它们始终不让妇女走到前线。 阿拉伯世界是个男人主导的世界，不容许妇女接受同等教育，进而对社会作出与男人同等的贡献；而这又恰恰是各国释放潜能并促进经济现代化所急切需要的。 他们时常寻找各种各样的借口，抗拒解决这方面引发的问题。 也正因为母亲跟孩子相处的时间往往比父亲要多，教育水平不高的母亲自然也会倾向于只能教出受教育水平不高的孩子，这个问题于是代代相传世代延续。 反之，如果能有一整代的母亲受过良好教育，那所教育出的一整代年轻人，自然也会拥有不一样的态度和世界观。

虽然有些中东国家也让妇女上大学，而且与男性比例几乎相等，但是这些妇女要在各方面发挥潜能，仍得面对重重障碍。 妇女往往不准报读热门科系如理科、工程系和法律系等，也总被定型为只能从事教书等传统观念里较适合女性的职业。 男女毕业生人数也许不相上下，但在许多中东国家，真正加入劳动队伍的妇女，仍远远不如男性。 即便能顺利进入职场，妇女也经常会受到各种歧视，从不平等工资待遇到性骚扰现象都有。 再加上日常生活上的种种不便，好比限制妇女单独乘搭公共交通工具、社会对妇女婚后不待在家中相夫教子不予以谅解等，好多妇女不堪折腾，最终选择放弃。

没有真正的经济发展，新上台的民主政权是不可能长久持续的。 对街头巷尾的平民百姓来说，无法换来实质成果的民主，还能有多大的存在意义？ 不外是每隔一段时间排队轮候，只为了在一张小纸卡上打个钩。 一两届选举之后，随之而来的难免是对民主制度的幻灭，然后要求回归某种形式的专政体制。 在埃及，首次主政的穆斯林兄弟会①似乎明白这是当务之急，派遣代表团到其他国家去取经，学习如何推动经济发展。 这显示了他们真的想把国家搞好。 但会成功吗？ 需要促成的改变太根本，实现这些改变的时间也太仓促。 在大刀阔斧促成种种变革之际，他们还得面临旧政权遗留下来的旧元素所形成的重大障碍。 就说民事服务好了，原任总统穆巴拉克的旧班底无处不在，而这支旧班底的势力不可能从新体制中完全撤除，若要把民事服务制度完全废除之后再重新建立，整个体制根本就不可能运作。

当世界走向全球化，中东各国政府知道自己终究必须随着时代的脚步前进，哪怕速度缓慢。 沙特阿拉伯奉行的是一套以伊斯兰教为基础的社会结构，妇女至今在公共场所还是必须身裹长袍头戴面纱，也不准驾车，公共场所男女隔离。 但即便在这么一个传统社会里，情况也在发生变化。 例如，于2009年创建的阿卜杜拉国王科技大学就等同于一个极度保守国度里的一片自由领土。 这所大学聘请了新加坡国立大学前校长施春风教授出任首任校长。 在校园里，男女生待遇平等，像在西方社会一样一起学习、生活。 这是一大进步，但我不指望这所大学的毕业生会改变整个国家；单凭几个受过良好教育的青年男女才俊，并不足以改变整套封建体制。 这套封建体制，关系到阿拉伯世界势力最强盛、思想最保守的瓦哈比教派神职组织。 瓦哈比神职组织的权势建立在与王室之间的共生意识基础

---

① 2013年7月23日，代表穆斯林兄弟会的埃及总统被埃及军方废黜。

上：王室掌管国家的财富，而神职组织在一切与宗教相关的事务中，掌握了几乎绝对自由的统治权。但见过阿卜杜拉国王后，我相信沙特王室也十分清楚不可能让国家继续冻结在某个特定时代。王室会允许进步，改变是免不了的。但会以什么样的速度改变，我还真是说不准。也许阿卜杜拉国王科技大学里的社会准则会影响校园附近的所有邻里，进而带动整个城市。

可是现阶段看来，中东地区的长远前景看似充满动荡起伏。当前对投票制和选举制的试验进入尾声，随之而来的问题是，如何推动可持续增长，为3.5亿人口创造良好就业机会。个中矛盾再清楚不过：这个地区按理说是天然资源最丰富的区域，但是其中好些地方却始终处在蛰伏状态。

中东国家面临的真正挑战是：一旦这些有限的资源消耗殆尽，它们该如何让自己继续在世界上有存在的意义？这些国家必须从石油财富主导的经济体，转型为更可长久持续的经济模式，而且必须在几十年内完成转型。它们必须加速提升自己的表现，在金融、航空、旅游、消费产品等非采掘工业建立起竞争优势。一个做法是，把青年才俊送往欧美城市各个工业领域工作，好让他们回国后也在各个相关领域有所建树。遗憾的是，石油财富容易把人惯坏，这些人总相信目前拥有的一切是世界欠他们的。政府必须设法让人民行动起来，摆脱这种日渐衰弱的依赖感，这绝对是项吃力不讨好的工作。政府必须说服人民，即使把所有的石油利润另设一笔特别基金然后审慎投资，石油财富仍是不可能永久持续的。这是中东各国政府最为艰难的任务。

几年前，有个中东国家派了一些学生到新加坡进修，以为可以改变这些年轻学子的想法。这种情况终究没有发生。这些年轻人到这里来不是为了学习我们的文化或职业理念；他们来这里是为了寻欢作乐。 新加坡对他们而言是个新奇的地方，他们心里想着："好好享受了才回去。"当你认定自己家财万贯任由挥霍，你怎么还会想要工作？

中东绝对是个值得一游的美丽地方，有着丰富的文化，以及源远流长的历史。 几个与南欧毗邻的国家，例如摩洛哥与突尼斯，要比其他中东国家来得先进，也相对更开放。

伊朗国王巴列维还未被推翻时，曾经邀请我到伊朗访问。 我受邀入住国王的一座宫殿。 至今还记得那些地毯，纺织得如此精细，如果地毯是我的，我一定把它挂在墙上。 不过在宫殿里，这些地毯全摊在地上让人踏过。 伊朗的织工多得是。 后来轮到巴列维国王访问新加坡，他送给了当时的总统薛尔思一张大地毯，送我一张小地毯，两张地毯都是丝质的，图案也相同。 给我的那一张，现在在我儿子的屋里放着。 这张地毯是铺在地上的，但他们是赤着脚才踩上去，而且地板是干净的。

我最熟悉的中东国家是埃及。 当年总统纳赛尔邀请我访问埃及时，我也曾在法鲁克国王的一座宫殿住过。 纳赛尔是个生活简朴的现代主义者，虽然最终他并没有成功地解放人民。 他在苏联的协助下，兴建了阿斯旺水坝，以控制洪水与发电，在当年算是一项了不起的成就。 他们用纳赛尔的一架私人专机把我送到水坝一带住了几天——一个气候全然干燥的地方，四周万籁俱寂。 我想，到戈壁沙漠或大峡谷去，可能也会有相同的感受吧。 可唯一不同的是，走出戈壁沙漠，马上就置身于繁华喧闹的社会，处处充满忙碌的气息；而一离开大峡谷，绚烂的美国梦，就在眼前铺展开来。

七　中东：春残无夏

问：您对中东似乎并不乐观。那土耳其又怎么说呢？这算不算是一个既属伊斯兰教又同时实施民主主义并向世界开放的国家？

答：不，我并没有说伊斯兰教国家就缺乏治国能力。奥斯曼帝国就非常成功，而且全是伊斯兰教信奉者。土耳其其实不能算是隶属于阿拉伯世界，他们是土耳其人，他们反而更像是奥斯曼人，自视为阿拉伯人的征服者。他们比其他中东人有更好的表现，就因为他们受教育水平更高。

问：再来谈谈"阿拉伯之春"及这场运动对地缘政治所带来的冲击。有些人认为穆巴拉克总统向来亲美，美国却太急于弃他而去。有评论家因此指出，这再一次显示不可把美国当朋友或盟友。

答：美国怎么可能救得了穆巴拉克？派兵吗？这可是一场内部反政府斗争啊！美国若试图介入，埃及人民就会当街焚烧美国国旗。所以不是说有美国做靠山你就万无一失了。

问：在您看来，"阿拉伯之春"所产生的地缘政治后续效应，美国整体来看是赢家还是输家？

答：两者都不是。美国在中东地区的影响力无论如何已经大不如前了，原因是美方所支持的政权一个接一个失去了权力基础。但新上台的强人相信过一阵子会需要美国数十亿元的经济援助来搞好国家。所以美国人或许会回来。再怎么说都好，经济援助是新政权解决财务困境必须争取的。

问：既然如此，您会怎么看中东地区列强之间的势力变化？中东是否会继亚洲之后成为中美两国的博弈舞台？

答：谁才是这个地区的列强？唯一有意愿也有能力在中东称霸的，就只有伊朗。中国到不了那里，太远了。美国会发现自己的国旗被焚烧，大使被杀害，在利比亚就是这种情况。

问：所以在您看来，美国对中东失了兴趣，也失去了影响力？

答：不。美国永远都会对中东感兴趣，因为那里有丰富的资源。美国声称在境内找到页岩气，从此在能源方面自给自足。但许多国家并没有页岩气，而石油会继续作为重要商品。飞机也好轮船也罢，大多数交通工具都少不了石油。

问：中国一定也想插上一脚？

七　中东：春残无夏

答：是的，但他们离得太远了，很难在那里发挥影响力。中国人会到那里投资，采掘资源。他们也在非洲这么做。他们建大会堂、宫殿，以示善意，以换取更多石油和其他主要资源。

问：您认为美国该如何制定一套较能持续的中东政策？

答：静观其变，看看谁上台主政，设法和他交朋友。

问：即使是伊斯兰教政党？

答：再过不久，的确会是这样。

* * *

以色列和巴勒斯坦之间的冲突，是困扰着中东地区的最大问题，它形同一个除不去的疮，不断在流脓。要终止冲突，非得达成"以巴两国"协议不可：一边是以色列国，一边是巴勒斯坦国。巴勒斯坦国也必须在经济和政治上都有独立生存的能力；唯有让巴勒斯坦人感受到他们也有机会在自己的国家里取得成功，他们才会为了各自的既得利益，力求为这片长久动乱的土地捍卫和平。

因为犹太族群说服美国采取亲以色列政策，以色列领导层所展现的强硬路线，一直受到默许。这个现象对以巴之间的和平进程可能形成无法逆转的负面影响。一个例子是，以色列在占领区不断扩建犹太人定居点，等于逐渐吞并了在未来任何以巴协议中理应归还给巴勒斯坦的领土。以色列极端保守派相信，扩建定居点，有助于以色列趋近历史所划定的合法边界。这个领土边界，是以《旧约》的记载为依据，他们相信收复圣地是上帝的意旨，不可违抗。扩建定居点使原来已经很复杂的现状变得更加棘手，使未来任何可行的协议变得更加遥不可及。

犹太复国运动初期，是英国在背后为犹太人撑腰。英国支持犹太人在巴勒斯坦设立定居点，正是为了促成犹太人最终能在这里成立"犹太国"。1917年发表的《贝尔福宣言》，确立并公开宣示了这个立场。宣言说："英王陛下政府赞成犹太人在巴勒斯坦建立一个民族家园，并愿尽最大努力促使此目标实现……"此前，犹太人尚未大量涌入之时，巴勒斯坦内的犹太居民其实屈指可数。至大屠

七　中东：春残无夏

杀发生，近600万犹太人被杀害之后，欧洲各国对犹太人的同情心达到顶点，也促使各国在政策上转而偏向犹太人。尔后大英帝国衰落，美国取而代之填补权力真空；1948年以色列建国后，美国成为其主要盟友，此后长期为以色列护航。

随着时间流逝，永久化解以巴冲突的希望，看似越来越渺茫。联合国曾几次发表声明，指以色列定居点计划违反国际法，谴责这种行为形同"逐渐并吞"。可是以色列却等闲视之，深知没有美国的认可，这类声明是起不了任何实质作用的。打个比方说，假设美国愿意切断对以色列的经济援助——自1949年以来总值高达1150亿美元，并宣布中止其他形式的军事与政治支援，直至以色列停止定居点计划，以色列就不得不采取行动作出回应。因此，美国如果不愿意对以色列施压，以巴冲突就永远看不到尽头。

其实这种情况长远来说对美国是不利的。美国作为超级强国的整体信誉会因而受损，整个阿拉伯世界也会因此而群起与美国对着干，这只会使美国在中东地区的外交政策目标更加难以实现。以巴冲突也成了圣战组织进行宣传、招募年轻队员时，信手拈来的最佳理由。这不光在中东各地如此，也蔓延到亚洲一些地方，电视上反复播出巴勒斯坦人受欺压的画面，更是成了宣扬这一使命的最佳武器。

以巴冲突在中东地区充满暴力动乱的天罗地网之中，占据了中心点。它也像是国际上的一颗肿瘤，一旦成功割除，其他许多问题也将迎刃而解，并将改变中东地区的政治气候。以巴和解虽未必是导致整个中东地区和平的充分条件，却是必要前提。如果美国对寻求"两国并存"和解方案秉持着更中立客观的立场，抱持着更认真的态度，会有更多阿拉伯国家，尤其是那些以逊尼派为主的国家与社会，更愿意公开支持美国在中东的政策。这才是美国在这个区域必须优先处理的事。

更想损害以巴和解的一个国家是伊朗。伊朗政府一再宣称要摧毁以色列国，这个什叶派占大多数的国家，必须借着以巴持续冲突，来与其他逊尼派阿拉伯国家相抗衡，争取中东世界的霸主地位。逊尼派与什叶派分裂超过千年，由于伊朗对散居阿拉伯各国的少数什叶派信徒深具影响力，导致逊尼派阿拉伯国家对伊朗深感疑虑。埃及前总统穆巴拉克就说过："什叶派的效忠对象永远是伊朗，而非居住国。"萨达姆时期的伊拉克，是足以在中东地区与伊朗相抗衡的另一股势力。而今势力均衡不复存在，但伊朗要在中东地区称霸，美国就成了最大绊脚石。

伊朗的野心至少一部分源自它的自我评估：一个有别于阿拉伯世界、唯我独尊的文明力量。伊朗人对自己的历史非常自豪。几年前看到一位伊朗部长上英国广播公司节目接受提问时这么回应："在亚洲，其实也只有两大文明值得一谈：中国与波斯。"这句话恰恰反映了伊朗人的想法。他们眷恋有过辉煌岁月的王朝，所以更有觊觎之心。

这场地缘政治博弈，对世界和平有着深远影响。伊朗看似野心勃勃地正意图发展核武器，很可能激起一场核战争，或至少是掀起核军备竞赛。如果伊朗拥有核弹，埃及也会想要，他们很可能向巴基斯坦开口要。这么一来，就有四个拥核强国聚集一处——埃及、沙特阿拉伯、以色列、伊朗，整个中东地区会成为高度危险区。这也会提高中东向世界其他地方，甚至向非国家组织输出核材料和能力配备的概率。

我不相信以色列能阻止伊朗发展核武器。美国做得到，但必须准备发动一场地面侵略行动；而这个可能性微乎其微，毕竟美军刚从伊拉克脱身。由于存在可怕的估算错误，这意味着世界较不稳定。我们或许会见证本地区在二战后率先动用核武器。

也许唯一值得安慰的是，万一中东爆发核战争，核爆炸阴云会笼罩大半个中东地区，也许还会蔓延到欧洲，但应该还不至于殃及东南亚，虽然我们还是难免会溅到几滴黑雨。

问：奥巴马总统说过，他有意修订政治捐赠法，避免拥有大笔资金的利益集团，势力过度膨胀。这可能对美国政治内部动态造成任何改变吗？

答：这是不可能发生的。即使他真有心要这么做，也难以争取到参众两院通过。

问：欧洲国家越来越同情巴勒斯坦，这个现象会产生什么影响？

答：同情心值多少钱？每一天，领土一寸寸被剥夺，这些同情心，做了些什么？

问：谈谈伊朗和核武。您不排除伊朗如果拥有核弹，会先对以色列下手吗？

答：不排除这个可能性。

问：但也有另一种说法认为，伊朗具备核武器，也许会比不具备核武器变得更安全、更容易预测，也更容易对付；而一旦伊朗跨过核门槛，对中东地区也许不是什么坏事。您怎么看？

答：这是个安慰人的理论。但我会说，伊朗人的思维与美国人和俄罗斯人不一样。他们会如此盘算：我攻击你，你

七　中东：春残无夏　　　　　　　　　　　　　　　　219

回击，我再攻击你，你再回击。第一轮攻势后是第二轮、第三轮，双方同归于尽，连带一大片欧洲大陆也会被摧毁。以色列、伊朗和埃及可能冷静思考吗？这才是问题症结所在。我们在谈的，是一群自杀式炸弹引爆者，他们口口声声说："没问题，我大不了一死，只要能让你们更多人一起陪葬。"我想任何情况都可能发生。

问：这正是以色列针对为何要对伊朗先发制人的辩解，以预先制止伊朗发展浓缩铀，避免它进一步巩固核能力。他们说：最好是尽早发动攻势，才能制止核弹爆发。

答：有一组人确实以这个为理由，主张提前对伊朗发动攻势。但这并不能解决问题。你能够除去整个伊朗吗？再过不久，他们会发展第二颗核弹，你再发动新一轮攻势。但这一次，肯定会是深埋地底的。

问：所以您并不看好以色列有能力制止伊朗发展核武器？

答：当然，这是众所周知的事。

问：就这个问题，还可能有什么更好的办法？

答：这个问题得由美国的2000个犹太人来回答了。最好的方法就是为以巴冲突寻找永久的解决方案。但一直到今天，这还是个解不开的死结。

＊＊＊

除了攸关世界和平,中东局势也会对商业活动产生一定影响,包括新加坡企业的生意。 新加坡企业向来比较谨慎,近年来却也开始进军中东地区。 对新加坡企业来说,这是个新市场,它们算是来迟了。 新加坡人习惯与亚洲其他地区的城市做生意,如中国、印度、东南亚各地,他们在这些地方具备明显的竞争优势。 而中东,无论是文化、语言、地理位置,都不会是新加坡企业的一个自然选择。 但他们还是通过其他方法进入了中东,有些是和会说阿拉伯语的印度人合作。 鼓励在新加坡居住的阿拉伯族群多使用阿拉伯语,或许也有帮助。 中东是个新兴市场,新加坡人不应错过,迟到总好过缺席。

投资其他新兴市场,一般得在注入好多年的资金和心血之后,才能开始看到回报。 中东的情况则不太一样,因为这个地区非常富裕,回报很可能来得更快。 难处在于寻找适合自己的专长和能力的适当商机,以及是否拥有足够的人脉促成交易。 新加坡企业在一些规模较小的中东地区如卡塔尔和阿布扎比颇有建树,原因是这些小国的社会阶层结构相对来说比较清晰。 沙特阿拉伯的社会结构就复杂得多,王子公主等逾百位,对市场新客来说可能不容易摸透。 就算如此,沙特要着手发展面积达1.68亿平方米的大都会"阿卜杜拉国王经济城"时,也邀请新加坡在经济城规划期间结为伙伴,并参与城中推展的几个金融业项目。 其实沙特近几年来频频低调地派团访问新加坡,经常是不对外宣布。 我们建构的一切,这么一个整洁、安全、高效的城市，给沙特人留下深刻印象。

可是中东也同时会是新加坡在国际舞台上的竞争对手。尤其是迪拜，无论在航空业、旅游业、金融业或会展业，都与新加坡陷入白热化竞争中。在谢赫·穆罕默德·马克图姆的领导下，迪拜已是今非昔比。很显然，阿拉伯联合酋长国准备投下大笔资金，将迪拜这个城市发展成中心枢纽，有能力与新加坡展开竞争。

阿联酋航空公司国际机票的价格刻意定得比新加坡航空公司稍低，这已是公开的秘密。而在金融危机来袭之际，阿联酋航空公司出手订购32架A380型空中巴士，足见其资金之雄厚。当这些订单全数到位，阿联酋机队就有超过90架A380。新航目前只有19架A380，另有5架还未到位。

伦敦港口发展计划招标，迪拜也再一次出手压倒新加坡。我们在经过仔细盘算后决定不再继续抬高出价。迪拜为了赢得竞标，展现了极大决心，敢于冒险。而我们则认为世界还很大，必定会有其他机会值得发掘。

像中东与俄罗斯这类市场，对新加坡而言是具有战略意义的。既然对世界如此开放，我们必须得分散赌注，才能确保利润不会中断。对石油经济体与非石油经济体都做出投资，就等于多一重保障，让自己更能抵御国际市场周期性波动带来的冲击。

八

全球经济

何去何从？

资本主义制度并不存在根本的缺陷。尽管这样的说法对一些人来说显得越来越浮夸，这个制度却无须摒弃或重建。

由于世界经济在2008年遭全球金融危机猛力冲击，人们在事后深思其导因以及该如何避免重蹈覆辙，则是不足为怪的。各界在灾难后有一定的反思，是自然而能够理解的。

然而，我们不该反应过度。当一件事情刚发生时，人们总是过度地重视它，特别是当事情让他们感到震惊或十分忧虑的时候。2008年的危机正是一个例子。为此摒弃资本主义制度，或者提议从此对自由市场采取严格的控制措施，都是一些错误，甚至是危险的结论。这么做等同于玉石俱焚。

资本主义的反复无常对我们来说并不陌生，卡尔·马克思的时代便有详尽的记录。考虑到商业周期的本质，我们能接受资本主义产能过剩的趋势，因为其中的利益远大于成本。另一个选择是约束性的措施。社会主义体系已在过去的一个世纪猛然发现这一点，而社会民主主义体系在某种程度上也有相同的领悟。

我们在2008年所经历的全球金融危机,并没有明显偏离我们之前对自由市场的理解。 当时,次级抵押贷款市场失衡的情况不断加重。 美国受到重挫,而全球经济的互联性也让欧洲和亚洲受波及。但美国已从挫折中回弹,世界经济也随后复苏。 此次危机暴露了欧洲潜在的问题,它需要更长的时间才能复原。 这些问题涉及欧洲货币联盟和社会支出,与资本主义无关。 长远而言,资本主义制度对世界更好,并会让它的增长加快许多。 这是因为历史已清楚地证明,无论在哪一种社会,自由市场都是组织生产性力量的最有效方式。

促使美国陷入更深、更久的金融和经济危机的一个关键因素,也与市场无关,而是公共债务积累的问题。 政府债务多年来得以不断增加,导致人们在危机后对市场失去信心。 这种对公共债务和开支的疏忽,甚至是漫不经心的态度,是政治领导而非自由市场的失败。

"大到不能倒"的效应,是人们对我们所认识的资本主义制度的另一个批评。 大企业尤其是银行,是否真的能仗着政府害怕它们倒闭殃及国家经济的心理而屹立不倒? 批评者指出这将引发道德风险——这些大企业知道自己就算失败,也会由纳税人来承担后果,而成功则会带来巨大的利润。 这将诱使它们去冒不该冒的风险。

虽然这样的批评有些道理,但2008年的金融危机已显示,没有企业是大到不能倒的。 雷曼兄弟当时虽贵为美国第四大投资银行,也走到破产的境地。 个人存款虽得到联邦存款保险的保护,但并没有全面确保所有银行将能获救。

一个在金融体系中扮演更重要角色、规模更大的银行,是否也会让它关闭呢? 假如陷入危机的不是雷曼兄弟,而是花旗银行呢?

八　全球经济：何去何从？

我不相信有任何银行，包括花旗银行，可以拿着政府的空头支票任意冒险。像花旗这样的银行能否得到政府的帮助，就得看它闯下的祸有多大、其他银行是否处于良好状态，以及当时的政治气候。银行得救与否，还得靠天时地利人和。这其中的不确定性足以使银行经理在大多数情况下负责任地行事。

这并不意味着政府无须扮演任何角色。一些企业领导不时地还是会受贪婪之心驱使，尝试让制度偏向自己的利益。政府所面对的挑战，就是查出和采取果断行动杜绝这样的事情。它的角色是尽可能地让竞争环境公平，确保自由竞争同时也是公平竞争。伦敦银行同业拆借利率遭交易员操纵的丑闻是发生在近期的一个例子。事件涉及银行试图操控利率，影响了银行体系的诚信，损害了其他市场参与者的利益。巴克莱银行的主席和首席执行官被迫辞职，而该银行也在美国和英国被罚款数亿美元。此事清楚地显示，政府和监管部门绝不能放松警惕，或以为企业高管会在无人监管及面对丰厚利润的情况下坚守职业道德。

许多政府自2008年金融危机后也在检讨商业和投资银行业务的调控措施。关于这个问题，我原则上同意美国联邦储备局前主席保罗·沃尔克的看法。他在金融和银行事务上经验丰富且深具洞察力，他的看法是：如果我们将一般的商业银行业务同一些较具投机性和风险较高的投资银行业务分隔开来，整体的银行体系也就更安全。这后来被称为"沃尔克法则"。但实际上，要落实这样的法则非常困难。银行大概会将业务迁移到其他国家，而资金就会从实行"沃尔克法则"的国家流向没有落实此法则的国家。拿英国来说，由于整个国家十分依赖伦敦这个金融中心，因此不希望过于管制银行业。其他国家会希望自己的竞争力不如英国吗？我想不会。

然而，若要稳定整个经济体系，政府的介入将是可取和可行的。美国人尝试向经济体系注入流动资金，以缓和经济衰退的压力，这基本上就是印制更多美钞。较为宽松的货币政策向来是对抗经济衰退的标准方案，虽然此次也有更多非常规的措施出台，但美国最近一次增加货币发行量的规模也是历史上罕见的。

然而，并非人人都赞同这样的做法。那些支持奥地利经济学家弗里德里希·哈耶克观点的批评者认为，这样的政策无法让经济体系去掉多余的油脂，并延长了无能的企业和工业的寿命，最终只不过是让问题拖延下去。他们说，经济体系的自然调整始终是要发生的，而尝试用量化宽松政策去阻挡它，最多只是拖慢了必要的调整过程，最糟的是让低效率成为制度性缺陷，使经济长期停滞不前，甚至在未来引发更严重的衰退。

两害相权取其轻，我相信政府采取支持性政策——无论是货币政策还是凯恩斯主义政策——来应对危机，比什么都不做来得好。许多国家就尝试根据哈耶克的主张，在大萧条时期基本上是袖手旁观，结果为经济带来灾难性的后果。如今，全球贸易体系已高度一体化，而全球面临紧缩的风险，加上无一幸免的连锁效应，对大家来说都是极为可怕的前景。因此，没有人希望看到美国经历硬着陆。

美国能够推行量化宽松政策，是因为美元也是世界的储备货币，所以美国人能在没有太多不良后果的情况下长时间让财政陷入赤字。倘若其他国家也这么做，它们就会面临资金外流和汇率崩溃的危险。美国人所付出的代价不高，是因为他们能把一般国家所需承担的代价部分转嫁给全世界其他国家。由于其他人更愿意持有美元现金储备和资产，因此美国人能以更优惠的利率获得贷款。这是作为储备货币的优点。

八　全球经济：何去何从？

英国人也曾经享有同样的好处，因为英镑过去是国际贸易中主要的结算货币。如今，他们已失去了这样的地位。美国人或许有一天也会失去这种地位。这对我而言难以想象，却是有可能发生的。目前，仍没有一种货币能取代美元作为储备货币。欧元还深陷危机，而人民币也还未能取代美元。

我不相信中国人有心要取代美国人。他们有更多的考量。若要开放资本市场，就得让资金自由流动。这么一来，国内经济可能会因资金突然大量涌入或流出而变得不稳定。美国的体系已有一定的成熟性，能够抵挡这样的压力。但我不确定中国人是否要冒这个险。他们有必要这么做吗？就算人民币不是储备货币，他们也发展得很好。其中的优势不足以让他们冒这个险。如果我是他们，我是不会这么做的。

法国经济学家雅克·吕夫因看到了以美元主导的制度的不公平，而提倡恢复金本位制。对此，美国人不愿妥协，并表示："你要么就接受我们的美元制，要么就不接受，随你去。"由于美国仍是最强大的经济体，因此大家都肯接受。在可预见的未来保证现有安排能够持续，这也将为国际贸易体系注入稳定性和确定性。即便是世界各主要经济体的领袖共同协议作出改变——而其中有一个很大的问号。因此，储备货币若有任何更动，至少在短时间内也必定造成混乱。

目前，全球经济在短期面对的较大威胁，是自由贸易受到压制的危险。我们只要受到保护主义的一波打击，就会陷入经济增长放缓的局面。我们不应忘记，20世纪30年代的大萧条正是因一些国家倾向孤立主义而加剧的。比方说，如果美国的政治人物基于选举考量，决定向售价低于成本的中国货征收抑制性关税，必定引来某种形式的反击。 你一旦走上这条路,其他如欧洲和日本的贸易伙伴迟早也会卷入其中,而必须考虑实行类似的措施。 如此一来,整个贸易体系又再往下陷几级,整个世界的情况将因此变得更糟。 在许多情况下,贫穷国家所承受的打击是最大的。 由于它们从较低的基点开始,因此从贸易中所获得的好处也相对多得多。

我们应该朝自由贸易协定的方向迈进。 只要国与国之间能达成协议,其中的交易将惠及签署协定的各方。 多哈回合贸易谈判若能取得成功,将对新加坡在内的所有国家有极大的好处。 不幸的是,各方在经历了超过10年的谈判后,仍旧不见成果,而农业补贴是最大的绊脚石。 这里缺乏让谈判成功而作出必要让步的政治决心。离岸外包严重打击了一些美国工人的生计,因此美国政治人物难以说服这些工人进一步的调整是有好处的。 当然,美国企业如果不把业务外包,德国人、法国人、英国人和日本人也会这么做,从而使美国人处于劣势。

目前,多数国家正忙着争取达成双边自由贸易协定,而这是可以理解的。 它纵然是"二等奖",也还是"奖"。 新加坡至今已签署了19项区域和双边自由贸易协定,签署对象包括美国、中国、日本、印度和澳大利亚等主要经济体。 结果证明,这些自由贸易协定在多哈回合贸易谈判陷入僵局之际,推动了贸易自由化。 我们的策略取得了成效。

《跨太平洋伙伴关系协定》是太平洋沿岸国家之间另一项高标准的贸易协定,也是令人乐见的发展。 倘若目前正在谈判的12个国家能郑重承诺开放内部市场,协定将能让贸易往来更上一层楼,加大数以万计的企业以及几亿消费者所享有的好处。 有了美国的加入,这项协定必定对所有参与国具有价值。

八　全球经济：何去何从？

问：对于全球金融危机期间所发生的一切，您承认那是资本主义制度运作不可避免的一部分。这么说准确吗？

答：这是美国资本主义体系运作的一部分。欧洲资本主义体系则有别于此，因为他们更注重社会经济发展，也就是拥有更多的社会保障而整体上的活力较少。英国人享有免费的医疗保健服务。它们当中情况最好的是德国，但就连德国也在保健和失业福利等方面承受相当大的负担。我不认为欧洲人会比美国人具竞争力。所以，体系有时过了头，出了事，然后又复苏了。另一种情况是，它不会过头，但缺乏那种竞争优势。

问：但如今有经济学家提出了有关整个资本主义制度的问题。有些人发觉，商业周期正在缩短，而经济衰退也不断加深。这有可能显示整个制度需要根本的改革。美国经济在2007年之后的五年都没有完全复苏，使之成为近期历时最久的一次衰退。

答：我无法说美国该对其体系做些什么。但我不相信大部分的美国人会支持拥有像英国人那样的福利社会。那就是另一种选择。你这个人碌碌无为，但我给你房子、给你免费的医疗服务，还让你只付很少的学费，就能够上大学。英国人并没有因此取得什么耀眼的成就。但他们如今已骑虎难下。

问：鉴于美元在可预见的未来仍将是世界的储备货币，其地位不受人民币影响而动摇，新加坡在外汇储备投资方面，应有什么策略？

答：我会保留美元储备。倘若全球对资源的需求居高，我也会持一些澳元储备。只要中国需要大量的铁、煤和其他资源来驱动经济，就会推高澳元，因为澳大利亚地广人稀，资源丰富。还有哪些国家拥有中国需要的资源呢？巴西是黄豆的主要生产国，而中国人对黄豆的需求高得必须从巴西进口。由于巴西不是太平洋沿岸国，因而选择通过哥伦比亚，而不是巴拿马运河向中国输出黄豆。接下来的几十年，中国会是全球最大的资源消费者，因为它正在发展。中国人口庞大，但人均收入还是很低。它不具备所有的资源，因此必须购买一些。它在新疆和西藏有大片闲置的土地，但大部分都是不毛之地。

问：来谈一谈一个国家该如何调控资金的流入和流出。您对此有什么看法？

答：身为一个小国，当然是条规越少越好。与此同时，我们必须有大量的储备，以防范像乔治·索罗斯这样的人对我们的货币展开攻击。他并未这么做，但这可能是因为他知道我们储备雄厚，他未必经得起这一仗。

问：更自由的体系为何会对一个小国更加有利？身为小国，

八 全球经济：何去何从？

我们难道没有被大量流入的资金淹没的危险吗？

答：大量资金流入不会令我们措手不及。有人对我们的公司和新建设作出投资，是对我们有信心的一种表现。

问：那资产泡沫的风险呢？

答：他们若失了分寸，也会吃亏的。尤其是当他们购买房地产不是为了自己居住，而是为了获得资本收益的时候。

问：所以您的意思是这将会有自动调节的机制？

答：长远而言可以这么说。但其中可能也有小故障。

问：从政治角度来说，这在短期内不会使情况很不稳定吗？

答：我们要么就走向世界，要么就把自己孤立起来。我们不是中国。中国有庞大的国内基地，有能力保持孤立。我们不能。我们在1965年的人均国内生产总值是500美元，而今天已达到约5.2万美元。如果我们当初没有打开国门，就无法在50年内取得这样的成就。假如我们不与世界经济接轨，我们的经济就会萎缩。

问：说到马来西亚的情况，时任马来西亚首相马哈蒂尔在1997年亚洲金融危机爆发时实施资金管制措施。当时，这个决定备受争议，但如今有学者在回顾此事时，表示这可能是稳定经济体系的必要之举。

答：我不想就马来西亚人是否做了正确的决定与他们陷入争论。我们让金融体系保持开放，管理浮动汇率也维持不变，并从中受益。每个国家得根据自己的情况判断，让资金和投资自由进出国门是否是好事。对一些金融和银行体系还不太成熟的国家来说，这可能造成问题。但就新加坡的情况来说，我们相信这对我们是有好处的。中国考虑到其金融体系尚未健全，认为让资金自由流动为时尚早，因为它相信这会让国内经济不稳定。虽然中国的发展良好，但它得在长期内为追求稳定付出代价，而这就无法让经济潜能得到充分发挥，因为你一旦把资本市场关闭起来，让资金在获得批准的情况下才可进出，你就抑制了经济活动，使投资流入变得更少。

问：有人担心热钱流入房地产市场可能导致新加坡人买不起房子。

答：我们要么就打开门户，要么就闭关自守。谁能知道外国人买的房地产在5年到10年后是价格过高还是过低？我们让市场决定。他们是因为相信这是个安全的避风港，而往这边投资，但其中也有风险。若发生什么事，房价就会下跌。房地产流动性较低，不能说买就买，说卖就卖。银行里的钱流动性高，你在电脑键盘上按几下，

八　全球经济：何去何从？

就能指示银行："把我的钱转换成英镑或欧元。"但房地产可不能这样。不管怎样，我们已立下规定，非公民必须事先获得批准，才能购置有地房产。我们也向在新加坡置产的非公民征收更高的额外买方印花税。

问：曾经有这样的言论，指房价的上涨幅度不宜比薪金的增幅高太多，否则一般工人将买不起房子。倘若市场是以国内人口为主，这就能成立。但当您把房地产市场开放给外国人，您就等于让房价和薪金脱钩，而前者有可能会比后者上涨得多许多。这岂不是有危险？

答：但新加坡人也从他们的房地产套取很大的利益。他们若相信自己的房地产标价过高，而价格最终会下跌，他们有套现的选择。你可以把房子卖了，暂时租房，等房价下跌。如果你相信房价会上涨，那你就保留你的房子。说到底，这取决于人们对一个国家或其政治体系的信心。

问：但您只能是在拥有房地产的情况下才能把它卖了套现。本地的首次拥屋者没有这样的选择。

答：没有房地产的新加坡人若符合建屋发展局所设定的条件，就能以津贴价格购买政府组屋。

* * *

　　世界经济的重心已明确地从大西洋转向了太平洋。如今，后者是世界最大贸易网络的所在地。在不久以前，阿道夫·希特勒领导的德国，曾在政治和工业方面引领世界，然而德国人战败了，美国人在此后的数十年取得了超群的地位。三十年后，世界最大的经济体大概会是中国。一体化的欧洲或许会是第二大经济体，但非一体化的欧洲就只是27个无法掌握各自命运的经济体。届时，中国和美国两大经济强国的决定将是最重要的。全世界会密切关注它们的一举一动，因为它们的任何动作都会造成广泛而长远的影响。

　　太平洋以西的亚洲地区虽会维持强劲增长，却还需数十年的时间才能赶上美国的消费水平。这有其文化因素。中国人经历了天灾、战乱以及剧烈动荡的生活，而一个人或一家人必须自力更生，靠在顺境时所省下的一切赖以生存。要说服他们大量消费，不是一件容易的事。新加坡累积大量储备金的做法，也体现了未雨绸缪的文化亲和心态。

　　尽管如此，即便亚洲人继续将相对大部分的收入留给下一代，亚洲仍然会是带动全世界国内生产总值增长的主要引擎。我们应该会看到股市起落日益更多地受中国、印度、日本和韩国所影响，而更少地受欧美的诸如央行的宣布，或它们发布的经济数据所影响。正在增长的国内市场推动了中国经济的蓬勃发展，它也被广泛认为是协助亚洲从2008年和2009年的衰退中迅速复苏的主要动力，并预示了未来的事态发展。亚洲不一定会在瞬间就和美国经济脱钩，

八 全球经济：何去何从？

它有一大部分出口仍输往美国市场。 不过，两者之间的关系将更趋平衡，而亚洲国家的政府将更有信心在美国经济不景气时，也能取得不错的增长率。

就在重心移向太平洋的当口，我们的生活和工作方式也随着通讯和运输科技的日新月异而改变。 我们如今已能够和世界各地的任何人即时沟通。 有了互联网，即便你不是一个有钱人，你也能随时准确而深入地掌握世界其他地方的动态。

上世纪20年代，当我还是个孩子的时候，我必须坐一个小时的牛车才能从新加坡东部的勿洛前往外祖父在菜市的橡胶园，而这不过是两英里的路程。 到了30年代我已是个学生的时候，每逢星期四或星期五我都会等待邮船到来。 邮船在海上航行了五六周，从英国运来男孩们爱看的杂志和画报，而我也看得津津有味。 我花了三个星期的时间，乘坐横渡大西洋、载送军人从远东回去英国的"大不列颠号"客轮到英国留学。 到了英国，我和家人最快速而便宜的沟通方式是寄航空信，邮资相等于新币五角或一先令。 这是一张张尾端折起的浅蓝色信笺，而纸张两面都可用来书写。

今天，来往伦敦和新加坡的航班只需十二小时，不像上世纪50年代的水上飞机，要飞四五天，并得途经开罗、卡拉奇和科伦坡才能抵达新加坡。 要不是有国家抗议超音速飞机飞过时所造成的音爆，飞行时间或许只是六小时。 有一段时间，彗星号喷射机能从伦敦起飞，在午餐时间抵达新加坡，同天折返时还来得及让乘客在伦敦用晚餐。 那是一架超音速客机。 如今，没有一架民用飞机是超音速飞行的。 尽管如此，先进的科技带来的是巨大的变化。 我们今天能通过相对快速、轻松和安全的方式来往各地。 上午寄出的航空信，家人晚上就能读到。 但现在根本没几个人会这么做。 发送以光速传播的电邮或手机短信更加省事。就连非洲的农民也用苹果手机获取有关玉米交易价格的最新资讯。

有了科技上的突破，今天每个人都能知道别人是如何生活的。亚洲和非洲最穷困的人都能清楚地知道自己和美国人、欧洲人，以及有钱的亚洲人和非洲人之间的差距究竟有多大。这促使合法和非法的移民尝试跨越国界，到更富裕且提供更多经济机会的国家找寻更好的工作和生活环境。这些移民得到中介的专业协助，通过各种巧妙的方式不断地偷渡入境。然而，这些伎俩有时却适得其反，并酿成悲剧，比如，藏在集装箱里的非法移民可能会窒息而死。想要迁徙的欲望是如此强烈，就像水自然往低处流，流向土地更富饶葱郁的山谷一样。这将在未来对维持国与国之间的边界带来巨大挑战。

这些改变对新兴经济体来说，都带来前所未有的机遇，尤其是那些处于亚洲的经济体。那些通过实施亲市场政策、提倡教育、苦干实干和尊重法治而把体系组织得井井有条的国家，将会在全球化世界里享有各种机会，并迅速发展。另一方面，整个世界以风驰电掣般的速度前进，也不是没有负面影响。

我们从1997年的亚洲金融危机中首次真正体验到全球化如何严重打击一个国家的恐怖威力。这场危机是因泰国，以及程度较小的印度尼西亚和韩国，实行难以维持的汇率政策所引发的。泰国借入美元和其他货币的短期贷款，又对工厂和房地产等资产进行长期投资。当市场意识到泰国的出口收入并不足以让它履行还款义务时，投资者和投机者便开始大量抛售泰铢。泰国央行奋勇地尝试与市场对抗，却很快地发现其储备短缺。

当泰国人向外求助时，美国并没有果断地回应。这向市场释放

八 全球经济：何去何从？

了错误的讯号，显示美国不愿拿自己的声望和影响力来化解这场危机，从而促使信贷紧缩。危机在数日内蔓延到其他亚洲国家，包括新加坡在内的许多国家的央行都发现自己的货币正遭受攻击。国际投资管理公司将亚洲经济体都归纳为"新兴经济体"，而就连拥有良好基础的国家也遭受打击。

亚洲国家在危机中吸取的其中一个教训是，不该仓促开放资本市场，尤其是当金融体系仍然脆弱或央行的监管尚不健全的时候。一个国家一定要在体系达到一定的成熟和健全程度时，才能对世界开放。此外，你也必须在开放后以储备金捍卫货币的稳定。亚洲国家之所以在2008年的全球金融危机中相对安然无恙，是因为它们已在1997年的恐慌中得到了很好的教训，学会更加注重坚实基本面，包括拥有大量储备金、有限债务和健全银行体系。

全球化所带来的另一个负面影响，是发展趋向不均等。最优秀的人才流动性高，能在世界许多地方过上好生活。因此，公司几乎难以避免地以高薪挽留这些人才。相反，那些从事低技能和低薪工作的人，却得和大批来自中国、印度和其他新兴经济体的贫困工人竞争，而后者愿意以很少的薪金完成同样的工作。如此一来，这个阶层的薪金自然被压低。有些人甚至因为工作被外包而失业。

这些趋势给国家政府带来严峻的挑战。

解决不平等的问题固然重要，但我们首先必须认识到，某种程度上的不平等，是全球资本主义体系不可避免的一部分。差别总是有的，部分原因是人们的智力、所付出的努力，或者是运气都有所不同；而另一部分原因是竞争如今已跨越国界。如果你想让差别比较小，那你就得推行社会主义政策，或尝试将国家封闭起来，但这两者都不会带来好结果。巨额的高管薪金配套和圣诞节花红看似非常不公平，但倘若这些高管没有优异过人的表现，公司又如何能赚得到钱发出那样的花红？ 如果能够的话，又或者它们能找到薪金要求不那么高，却同样优秀的人才，股东大可以投票否决这样的薪酬配套。 然而股东若看到股价上涨，他们又何必要这么做？

与此同时，社会还是得保留一定的分寸。 让资本主义毫无节制地发展是危险的事，因为这会引发暴乱并导致社会契约遭破坏。 我们必须取得巧妙的平衡，想方设法让那些处于底层的人民也能维持像样的生活水平，在他们的社区内找到归属感。

当我还是新加坡政府投资公司主席的时候，公司里有一些投资经理的薪酬是我的五倍。 这合理吗？ 如果我们不给他这样的薪水，他明天就能轻易辞了工作，跳槽到愿意这么做的投资银行，因为他具备领高薪的才智和技能。 假如我告诉自己："好的，如果他领这样的薪水，那我的薪水应该比他的高，因为这整个制度是我设立的。"这可就没完没了啦。 为了让社会保持凝聚力，我们得确保它有一定的平等和公平性。 为此，新加坡为低收入者提供水电费补贴、入息补助——我们称之为"就业奖励计划"，以及在他们购买政府组屋时给予他们津贴等等。

这个世界再也无法回到过去了。 我们岂可当作从未发明飞机、互联网、苹果手机和苹果平板电脑？ 你只能接受眼前的世界就是这样，尽可能改善整个社会的命运，否则就跟不上其他地方瞬息万变的步伐，被抛在后头。 地球可不会为你停止转动。

八　全球经济：何去何从？

问：随着经济活动转移到亚洲，您是否认为国际货币基金组织或世界银行在三十年后可能会由中国人掌舵？

答：是有可能，不过中国人并没有迫切追求这个目标。他们在现有的体系中也能自信和快速地发展。国际货币基金组织有个法国女总干事或是世界银行由美国人领导，对他们来说并不碍事。

问：假如他们真的追求这个目标，您认为西方国家会有什么反应？

答：届时，中国的信贷情况就会比西方大国好得多。后者将会是债务国，而我想它们应该没有力量阻挡中国。

问：中国有一天是否会对赚不到合理的利润感到厌烦，而不想再持有美元储备？

答：也许吧。他们可能会逐渐抛售美元，或许是静悄悄那么做。但我不认为他们会试图取代美元。

问：您提到全球化带来的一个问题是贫富不均。我们是否应该更努力地去解决这个问题？

答：在个别经济体的层面上，每个国家需要做的是通过税收和津贴，重新平衡最高和最低阶层的回报，以保持社会团结。然而要在国与国之间取得平衡，则较为复杂。你必须有个世界政府,而每个国家得同意将一些盈余交给一个世界财政部或央行,以资助较贫困的国家。当然,这样的事情不会发生。积累了大量储备的中国人不会说:"我们过去也和他们一样贫穷,那现在就让我们来帮帮他们吧。"中国人是付出了很大的努力,才取得今日地位的。目前已有人质疑援助政府无能甚至是腐败的较贫困国家的做法,因为这些钱往往不是用在能改善百姓生活的工程上,而是让政客中饱私囊。

问:但作为理想的情况,您是否相信国家之间这样相互帮助是值得赞扬的?

答:作为新加坡的理想情况?我们的人均收入大概会从5.2万美元下降到3万美元。我们为什么要这么做?为什么要资助其他国家?新加坡选民岂不是会通过选票让政府下台?

问:但为了区域和世界稳定呢?

答:不,我们得先解决自己的问题。强大的军队能确保我们不被骚扰,国家稳定。否则,没什么能阻挡大批人涌过长堤。在我们和马来西亚合并的两年里,整条铁路两旁的土地都被来自马来西亚的人非法占用了。由于那是市区,设施完善,因此他们就地搭起棚屋。所以,当我们分家的时候,我们把这些马来西亚人赶走。这不该由我们来承担。

九

能源和气候变化

做好最坏的打算

我一直相信地球日益变暖是人为因素造成的。 研究这个问题的科学家也都似乎普遍有这样的共识。

也有人持不同看法。 其中一种说法指出，也许气温上升是地球运转45亿年的历史中每隔一段时间必须经历的一个正常周期，也因此与人类制造的碳排放无关。 如果这个说法属实，那大家什么都不必做了，就坐着等这个周期走完，气温自然会自动下降。 但我认为，许多强有力的证据一再显示，我们今天所经历的一切，绝对不是"正常现象"。 地球变暖的速度太快了。 我们眼睁睁看着冰冠融化；原本受冰雪阻截，穿过加拿大、阿拉斯加和俄罗斯之间的西北航道，如今在夏季成了海上通道。 这些全是前所未有的事。

全球变暖和气候的改变，使人类生存面临威胁。 人们呼吁各国政府采取一致行动，以大幅度地降低碳排放量。 遗憾的是，这不太可能实现。 2009年联合国气候变化大会在哥本哈根召开，尽管所有主要国家的领袖都出席了大会，结果还是未能达成任何具约束力的协议。这之后的几次大会同样收效不大；对未来的大会，我也不敢抱有太大期望。

问题症结在于，一谈到碳减排，人们免不了认为经济发展必然要妥协。任何坐上谈判桌的政府都很清楚，在对大环境做出让步之余，不可能罔顾国内人民的需求。一旦对人民的收入和工作所造成的影响超出民众可承受的程度，这个政府就要冒着被赶下台的风险。

对地球变暖所造成的冲击，有些社会的焦虑感更强，也更愿意不惜花钱搞绿化。欧洲国家就属于这一类。我在二战结束后到英国生活了四年，当时英国的气候相对稳定，变化不大；整个欧洲大陆也是如此。但现在不一样了。从地中海到斯堪的纳维亚，长期以来习惯了温和气候的人，如今得面对洪水、风暴、强风和热浪袭击；房产被毁，人命伤亡。因此，欧洲国家自然更急于处理气候变化问题。

美国历来较不受恶劣气候所影响。龙卷风和飓风算是较常见的现象，但即使这些风灾近年来次数增加了，也没什么大不了，不过是宣布受灾地点为灾区，联邦政府注入资源协助，保险公司赔偿，灾民买栋新房。美国至今拒绝签署《京都议定书》，对气候变化的态度显而易见。奥巴马总统宣示把气候变化当作优先任务来处理，却声明政府不会为了应对气候变化制定法规。尽管如此，我感觉得出美国也开始慢慢清醒过来，也许还得要好长一段时间才能达到欧洲国家的程度，但起码正渐渐朝这个方向走。美国发起的页岩气革命，就是在为碳这种最污化的矿物燃料寻找替代品。美国是全球能量消耗最大的国家之一，意味着肩负的责任也同样重大。他们必须

九　能源和气候变化：做好最坏的打算

带头，以身作则。

中国、印度以及其他新兴经济体则辩称，它们所制造的碳排放量，如果不以国家而是以人均计算，其实是比工业化国家来得低。这些新兴国家更渴望发展，它们指出，富裕国家长久以来以各种不利于环境的方式换取今日的成就，如今反倒回过头来为碳排放量制定过高标准，强加在正急于追上它们的其他国家身上，这有些不地道。它们指出，迄今为止的环境污化情况很大程度上是由发达国家的活动长期积累下来的，而非发展中国家。由于这些相对的立场，我对问题的解决感到不乐观。

更糟的是，全球总人口数量持续上升。2012年超越70亿，到了2050年，估计会达到90亿。当然，科技发展也许真的能提升粮食产量，也可让我们在更狭小的空间里容纳更多人，但总会达到极限的。在不严重伤害我们的生态环境及生物多样性的前提下，地球就只能容纳得了这些人。该怎么制止人口毫无节制地持续膨胀？在我看来，关键在于让妇女受教育，这会是让妇女不想要生那么多孩子的主因。越早做到这点，就能越快让我们的世界不那么拥挤。

与此同时，我们还应当做些什么呢？

第一点，与其要其他国家减少碳排放量，各国不如多花点时间和精力，为应对可能在几十年内来袭的人类灾难做好准备。是不是已有了全盘计划，来应对海平面上升、更为恶劣的气候、粮食与水供的短缺，以及其他问题？打个比方说，如果中亚和中国的冰川融化了，低洼地区的城市会先经历洪灾，在冰川完全消融殆尽后再经历旱灾。江河流域再也不能养活那么多人口。

此外，当海平面上升，居住在低洼地区的人口就会被迫迁移。研究显示，海平面每上升一米，就可能迫使全球1.45亿人口迁移，受水源污染殃及的人口更是不计其数。成片土地，实际上很可能是一座座城市，会被淹没在海水中。往高处迁移，也意味着必须放弃农耕需要的淤积土壤，所以生计也会成问题。

较富裕的国家不难找到应对这个问题的方法。比如，伦敦早已为泰晤士河兴建防洪水闸，在潮涨时防止洪水涌入。要继续上调水闸高度应该不是难事。不过对沿海城市，或者像新加坡与马尔代夫这样的小岛，解决问题的方法就不那么直截了当了。一国境内的人口迁徙也比跨国边界人口迁移来得简单。比如，若中国沿海城市受影响，人们还可往内陆迁徙；当然这会造成经济负担，但政治代价没那么严重。反之，以孟加拉国为例，整个国家地势较低，人流可能被迫移往印度。两国边界距离长而且易于渗透，不太可能阻挡人流涌入。而且，人群在仓皇逃命时，谁又阻挡得了？这么一来，后果将不堪设想。迁移人流过于庞大频繁，两国冲突的风险将显著增加。

第二点，尽管国际会议拖拖拉拉，我们确实也开始看到一些实际的相应行动。绿化，并不纯粹是一项利他主义的运动。减少污化，其实也会改善自己国内的环境与人民的生活。碳减排在某些情况下是符合经济效益的，特别是当碳排放是因为能源低效或浪费所致。日本人深知节能也会降低成本，所以愿意花很多时间研究怎样在每一样产品的制作过程中把能源消耗减至最低。另一个例子是燃油补贴。提供补贴，会促使人们消耗的比需要的更多，形成浪费。取消补贴，可能的话甚至推出燃油税，以凸显个人对整个社会所必须承担的代价；这从经济效益或环境保护的角度来说，都是正确的做法。

有鉴于此，许多国家已经单方面采取行动了。这也是为什么中国的环保意识也有所提升。他们知道，若以目前的能源效率继续从事生产，能源供应将不足以应付需求，而中国也永远达不到与美国相等的人均国内生产总值。此外，政府眼看着国内人民因空气和水源污染而受累，而气候环境也正以各种极其可怕的方式在改变。呼吸道疾病患者数量持续上升。沙尘暴频频来袭。青藏高原的冰川每一年都在消退。所以2008年北京奥运期间，路上的车辆数目减半，北京周边好多家工厂停产，效果是立竿见影的。一旦人民亲眼见证这些都是办得到的事，今后随着生活水准越来越高，人民必会施压，促使政府为改善周遭环境而推行更多必要的改革。

印度的城市化和工业化程度不及中国，面临的环境问题也较少，要开展绿化运动，或许需要花更长时间。但他们也没落后太多。不过，哪个国家都好，一旦人们体会到地球变暖对自己的实际生活带来的威胁，他们终究会像欧洲国家一样突然醒悟。在未亲身体会之前，这一切始终都是纸上谈兵。

与此同时，能源勘探开发的进程也许能为人类争取多一些时间。自新技术出现，成功开发页岩气，并发现美国和世界其他多个地方都拥有丰富的页岩气资源之后，在很多方面改变了世界能源格局与游戏规则；称之为一场革命，是一点也不为过。

相对于碳等其他形式的能源，页岩气干净得多，也有助于大幅减低碳排放量；全球矿物能源总储备也增加了几十年甚至更久。页岩气资源开发，也使北美历来第一次实现能源自给。原本建竣并准备为进口液化天然气的终端储备站和港口，今后都会转为出口用途。不过页岩气不可能全面取代石油，例如飞机还是需要石油驱动的。但有了页岩气，对石油的需求必会大大减缓。如此一来，输出石油的中东地区，重要性相对减弱，势力也会大不如前。过去全世界好几次受急剧波动的油价所累而陷入衰退，今后这个风险也将大为降低。

然而，这可能还不足以让环保组织欢欣鼓舞。他们期盼的是，世界有朝一日可以彻底摆脱矿物能源，并发展再生能源取而代之。我并不相信任何国家能真正只依赖再生能源满足所有或大部分能源的需求。总还会有某些活动在未来很长一段时间里仍会继续使用石油——例如陆空交通运输。即使改用电动车，也不适宜长途驾驶，也肯定不适宜运载重货的卡车。

我是法国石油公司道达尔的国际咨询团成员。这家公司定期为各种其他形式的能源进行评估——风能、太阳能、潮汐能等等。每一次评估，都会得出同一个结论：尽管世界某些地区会发现自己有条件开发生产某种替代能源，但相对于全球能源总需求量来说，这些替代能源都是微不足道的。替代能源供应太少且不太稳定，充其量只能发挥辅助作用，怎么也不可能完全取代传统能源。

几年前，有位中国朋友告诉我，中国国内越来越多家庭使用太阳能电池板，尤其是洗澡用的热水器。我于是发了便条询问我们的环境及水源部：既然太阳能板在中国看来并不昂贵也相当普遍，为何新加坡不考虑向中国购买？我得到的答案是，这项技术在当时还不符合经济效益。中国因为有意在太阳能电池板生产方面领先全球，所以政府不惜注入重资进行研发，也为此提供津贴。中国作为大国可以这么做，但新加坡就只能等价格降下来才可能引进；任何更符合经济效益的能源，我们会优先考虑。

所以，要为石油和天然气寻找替代方案，又不至于加剧地球变暖，就只剩下核子能源了。但自日本"福岛事件"爆发后，包括德国在内的其他一些国家已决定关闭原有的核电厂，或推迟兴建新的核电厂。 其他如中国和韩国等则维持原定计划。 日本本身，倒是能非常冷静地决定继续其核电计划。 在理想世界里，每一个国家自然都希望维持无核状态，因为核子能源毕竟深具风险，如何处置放射性核废料，仍是个无法妥善解决的问题。 但事实上，我们的选择非常有限。 长远来说，我相信各国会渐渐发现核能的好处。 页岩气革命也许会让这个过程暂时延缓，但我相信核能占全球能源总输出量的份额一定会日益增长。

再怎么说，最终各国必须认清一个事实：这个世界的承受力是有个限度的，我们必须在这样的局限下继续过舒适的生活。 大家同住一个地球，人人的命运都是捆绑在一起的；争辩后谁输谁赢根本毫无意义，地球若毁了，大家全遭殃。 当然，在地球变暖情况到了极致之时，也许是介于 50 年到 150 年之后的事，我早已不在了，现在活着的人也多半不在了。 尽管如此，对于后代子孙，我们还是得负起一定的责任，我们交出去给他们的，必须是一个充满希望和活力的世界，就像当初我们从先辈手中接过来的世界一样。

问：未来的科技发展，甚至超乎我们想象的技术，是否能减缓全球变暖的一些最严重的后果？

答：是有这个可能。科学家已经在尝试阻截阳光的热气，用一些如巨型碗之类的仪器困住热气，再回弹到上空。这也许在陆地上做得到。但海面上怎么去做？

问：您估计南中国海的石油与天然气争端会愈演愈烈吗？

答：现在还未开始钻探，所以没人知道海底下究竟藏着什么。不过钓鱼岛争议与石油无关，更多是和主权或民族主义相关。我认为争端不容易解决，会暂时搁置。为此而影响经济关系，对双方都不会有好处。从日方的角度，不值得为了此岛而放弃在中国投资。而中国哪怕在钓鱼岛争端上小题大做，他们还是需要日本的投资，一样不会为此而战争。不过，假如说在划定的专属经济区找到石油和天然气，那情况恐怕就要严重得多了，因为中国对能源有着巨大需求。

问：新加坡沿岸会不会有一天也出现大批难民潮，因为海平面上升而涌到这里来？

答：是我们会涌到别人的岸上。海平面只要上升一两米，你会发现我们就要失去多少土地。武吉知马山其实也不算太高。

问：新加坡是否正在认真研究兴建海墙的可能性？

答：面对极端情况，我们也不得不这么做。其实我们邀请荷兰专家前来勘察，他们说堤坝不可能，得建海墙。荷兰地势较低，但新加坡地势是在水平面之上。我们的问题还在于得探讨怎么在海墙之外兴建海港。

问：有些人说，新加坡在环保方面行动太慢了。我们当然得在推出一些相关措施时考虑相应的成本代价，但您认为我国应该在这方面加快步伐吗？

答：新加坡在国际版图上不过是个小角色，无论我们做什么，对全球变暖的影响是微不足道的，毕竟新加坡的碳排放量只占了全球排放量的区区 0.2%。话虽如此，我们还是推出不少颇有雄心且在国内具有意义的举措，例如，改用天然气发电，限制车辆增长，推行付费用车，以及通过管制加强能源效率。

问：如果您还在主政，会不会做得更多？

答：我会要求做更详尽的研究，然后仔细盘算我们有哪些选择。不过也得考虑到新加坡人是精打细算的。人们不理会能源怎么来，只想知道哪一种最便宜。比如说政府一度鼓励人们改用混合型环保车，但这类车子即使能享有税务折扣，价格还是偏高，所以人们依然选择普通车。

政府立法管制也许会有效，但这可能得等到市面上出现更符合经济效益的混合型车子，我们到时也许会规定大家都得改用混合型车或电动车子。

问：您认为环境问题会不会演变为国内的重大政治课题，尤其对年轻的新加坡人而言？

答：不会。这怎么会成为政治课题呢？

问：好比说，要求更多绿色空间，要求加大环保力度？您是否预见到更多相关组织会冒出来，利用这个课题煽动群众，捞取政治资本？

答：不，这不太可能。政府在绿化方面所作的努力并不亚于任何非政府组织。

问：民间在2012年就曾经针对武吉布朗坟场必须掘坟铲平以兴建公路，而闹得沸沸扬扬。

答：那全是情感因素使然。

问：反对呼声中提出的一个论点就是为了保护自然环境。

答：不、不。这不纯粹是自然生态，而是坟场。都是基于情感因素。你的祖先埋在黄土之中，有名有姓，让子孙有个悼念先辈、追忆过去的地方。我们也同样挖掘了比达达利基督教坟场，在需要发展时，在上面大兴土木。所以只要我们需要用到那块地，我们就会挖掘整座武吉布朗重建，然后把逝者骨灰安放在骨灰塔内。我们会这么做。

个人生活

选择何时而去

我的日常生活很有规律：起床，清电邮，阅报，做运动，然后用午餐。之后，到总统府的办公室上班，看文件，写写文章或准备演讲稿。下午或傍晚时分，有时会安排记者采访，再花一两个小时与我的华文老师在一起。

我习惯天天运动。八十九岁了，还可以端正坐着，走路也不需要靠拐杖。三十来岁时，喜欢吸烟喝啤酒，后来因为容易在竞选时影响声带，把烟给戒了；当时尚未有任何研究显示吸烟会导致肺癌和喉癌等各种病症。不过说来也真是奇怪，我后来居然对烟味特别敏感。至于啤酒，一度喝出了一圈啤酒肚，报章上的照片都看得出来。于是我开始打高尔夫球健身，后来改成跑步和游泳，那可以在较短的时间达到相同的健身效果。现在我每天使用跑步机三次：上午12分钟，午餐后15分钟，晚餐后15分钟。过去，晚餐前会去游泳，游个20分钟到25分钟。要不是这样，我还真达不到现在这种健康状况。这是一种自律。

我还经常约人见面交流。你必须见人，因为要扩大自己的视野，就必须与人多接触。除了国内的朋友，我也经常和马来西亚、印度尼西亚以及不时与来自中国和欧美的朋友会面。我试着不光与老朋友或政治领袖会面，也同时接触各行各业的人士，例如学者、商人、新闻工作者和普通市民。

我大大地减少了出国访问的次数，那是由于时差关系，尤其是去美国。2012年之前，我年年风雨无阻地到日本出席"亚洲的未来"国际会议，这项会议由日本传媒机构《日本经济新闻》主办，今年进入第十九个年头。有一阵子也几乎每年访华，如今因为空气污染问题倒不太想去北京了。但中国领导人都聚在那里，所以只好到北京去见见他们。我是JP摩根国际委员会委员，很荣幸他们为了配合我，把2012年的年会移到新加坡举行。道达尔咨询团也是一样。去法国还行，A380型空中巴士12小时直飞往返。去纽约就累得多了，特别因为时差关系，总是晨昏颠倒。出国访问有助于开拓我的视野，可以看看其他国家如何发展。没有一个国家或城市是停滞不前的。我就见证了伦敦和巴黎如何一次又一次地历经变革。

退出内阁之后，对周遭发生的事以及时局的变化没以前那么清楚了。因此大多数时候我会尊重部长们的决定。我很少提出相反意见，至少不会像过去还在内阁时一样，能全面参与决策讨论。

有时候，当我对某些事情强烈不认同时，就会向总理说出自己的看法。一个例子是，政府正在考虑是否开放让免付费电视频道重新播放方言节目时，有人这么建议："华语已在华族社群中奠定了基础。让我们恢复方言节目，好让老人家能收看连续剧。"我反对这么做，并且指出，当我还是总理的时候，曾经因为压制方言节目而付出沉重的政治代价，好不容易才让人们习惯说华语。现在怎么又来开倒车？一整代华人因为突然发现自己喜爱的方言节目被腰斩而怨我。"丽的呼声"有个很好的讲古大师李大傻，我们就这么终止了他的节目。为什么还要让广东话或福建话在我们的下一代蔓延开来？只要一恢复方言，老一辈又会开始跟儿孙说方言。方言会卷土重来的，虽缓慢，却是肯定的。

每个国家都需要有一种人人都听得懂的共同语言。当年，要把英国殖民政府遗留下来的四大语文源流进行一番统合，并不容易。大多数华族学生报读华校，为自己的语言深感自豪，1949年新中国崛起后更是如此。为了使英语成为所有学校的第一语文，母语为第二语文，我必须展开多方面斗争。华文沙文主义者为了对抗这项政策全力拼搏，华文报和华校使尽全力提高读者群和招生人数。由于我当时的华文水平有限，所以交由我的华文新闻秘书李微尘严厉管制华文报、华文中学、南洋大学，以及属下的职员和支持者，将示威、怠工和罢工等活动减至最少。

最终，是英文教育的市场价值解决了问题。我们也才有了今日的新加坡，以英语与世界接轨，并吸引跨国机构进驻；同时保留母语为第二语文，让我们能与中国、印度和印度尼西亚保持联系。语文政策是个关键转折点，倘若人们选择走上另一条路，现在的新加坡恐怕只是一潭死水。

出于情感因素，也出于同中国进行商业贸易往来的需求，我们需要保留华文为第二语文，但肯定不需要方言。我们耗费了那么多时间、精力和政治资本，把方言从大众传媒彻底除去，如今反倒要走回老路，实在非常愚蠢。

* * *

生比死好。但每一个人终究得面对死亡。这个问题是许多正值壮年的人不愿意去面对的。但89岁的我没必要回避这个问题。我关注的是：我会怎么离世？会不会是冠状动脉中风，迅速了结一生？还是脑部中风，陷入半昏迷状态，卧病在床好几个月？这两种方式之中，我宁愿要尽速了结。

不久前，我做了预先医疗指示，意即如果我必须靠插管才能进食，而且不太可能复原或再次自行走动，那医生就得为我拔掉插管，让我能尽速离世。我在一位律师朋友和医生的见证下，签下这份指示。

如果不签下这份指示书，医生会穷尽一切方法去阻止必然要发生的事。我见过太多类似情况了。我太太的姐夫杨玉麟病逝之前插着管子，在家躺着，他的太太也同样身体欠佳而躺在床上。他的大脑渐渐没有意识，但他们还是让他继续撑了好几年。这又有什么意思呢？医生或亲属通常会认为他们理应设法延长病人的寿命，我无法苟同。万事终将有尽头，我希望自己人生的终结，会来得迅速且毫无疼痛。我可不想变成残废，半昏迷卧床，鼻孔插着管子直通入胃。那样的情况不过只剩下躯壳而已。

对于人生，我不会特别执着于什么，或者高谈什么伟论，就只是以自己想做的事来衡量人生的价值。就我自己来说，想做的我已经尽力做到了，我心满意足。

不同社会对生命有各种不同的说法。如果你到美国，你会发现处处尽是虔诚的基督教徒，尤其是在南部保守的圣经地带。中国虽然接受了好几十年的毛泽东思想与马克思主义信条，但拜祭祖先，以及其他佛教和道教的习俗仍然普遍存在。印度则广泛地相信转世轮回。

我不会说自己是无神论者。对于神的存在，我既不接受也不否定。他们说宇宙源自大爆炸，可是人类在地球上的发展超过两万年，已进化为有思想的生物，也有能力超越自己去关注宇宙万物，并反思自己的处境。这是印证了达尔文的进化论吗？还是神造的？我不知道。所以我不会嘲笑那些信仰神明的人，可我自己就未必相信，但不会去否定神的存在。

我的挚友韩瑞生，是十分虔诚的天主教徒。他临终前，有位神父陪在他身边。当时他才68岁，还那么年轻，可是他一点也不害怕。身为天主教徒，他相信会在天堂与妻子重逢。我当然也会希望来世能与妻子重逢，但我相信这是不可能的。我会停止存在，就像她已停止存在一样。若非如此，冥界岂不是会很拥挤？天堂真的如此广阔无垠，能容纳得下千百年来所有死去的人吗？这是个很大的问号。可是瑞生是这么相信的，在临终前有神父陪着走完最后一程，让他心灵十分平静。他的太太在2012年11月逝世，她也相信他俩会再见面。

我身边一些曾经尝试向我传教的人已经不再那么做了，因为他们觉得不可能改变我。我的太太在求学时代有个同学，对宗教非常热衷，不断地向她传教。结果她只好疏远这个同学，她说："太荒谬了，我们每一次见面，她都想让我变成基督徒。"太太不相信死后还有来世。不过说真的，相信有来世，心灵上会得到安慰，就算明知道来世是不存在的。

随着日子一天天过去，我的体力大不如前，也不那么活跃。你若要我在下午两点烈日当空下去访问选民，沿街与人握手，亲亲宝宝，我做不到了。二三十年前没问题，如今再也不行了。生命就是如此，生理机能只会随着年岁而退化。有时候我的秘书看我在办公室里休息，会问我是不是要取消下面的会议。有些时候我会说："不，继续吧。"我只需要闭目养神15分钟，好让脑筋接下来更清醒。有时候真的撑不了，我会说："是，把会议挪后。让我先小睡一会儿。"身体状况不是自己控制得了的。我再活跃再自律都好，身体总会越来越虚弱。

到头来，我此生最大的满足感，就是自己曾经花了这么些年，争取支持、激发民心，打造了这么一个任人唯贤、没有贪污、种族平等的地方，并且在我之后还会持续下去。不像我当初刚上台执政时，林有福政府极其贪污。有个叫麦柏士的政府人员，新加坡年轻一代也许没听说过，他是华印混血儿，蓄着胡子，是个"牵线人"，专门收费替人拉关系办事。

处在一个贪污腐败风气甚盛的区域，新加坡没有贪污的情况，显得格外突出。我们创造的体制，包括贪污调查局，帮助我们做到了这一点。人们不论种族、语言和宗教，都凭着能力才干获得擢升。只要继续维护这个体制，我们将继续进步。这是我最大的期许。

问：您曾经说过，自己算是名义上的佛教徒。现在依然如此吗？

答：是的，我还是这样认为。我经历过种种仪式习俗。我不是基督徒，不是道教徒，不属于任何教派。

问：您说"仪式习俗"，指的是什么？

答：在特定的日子里去拜祭祖先，奉上供品等，这些都由佣人帮忙处理。但我这一代人走了之后，这些习俗都会跟着消失。就如清明扫墓，一代代下来，越来越冷清。这就是祭祖仪式。

问：既然不信教，您又从哪里寻找心灵慰藉？

答：我的慰藉，来自一切病痛苦楚折磨的终结。所以我会希望这个终结赶快到来。我89岁了，翻开讣告版就知道很少人活得比我长命。我有时会想：这些人怎么活着？又是怎么死去的？久病缠身吗？残障卧床吗？89岁的人总是在想这些事。我的忠告是，如果你不想躺在床上昏迷不醒或陷入半昏迷状态，插着一条管进食，就去签一份预先医疗指示。别通过外在干预延长生命，让我的生命自然了结。

问：基于一些原因，这么做的人在新加坡还是非常少吧？

答：是，因为他们不愿意面对现实。

问：您赞不赞成安乐死？这在好些国家已经合法化了。

答：我认为，如果前提是不滥用这个方法来摆脱老年人，而且是当事人在理智清醒的情况下，为了结束痛苦而做的个人决定，我会同意这么做。像荷兰人一样。所以我签了预先医疗指示，实际上是在说："请让我走。"

问：如果您的一个孙子来到您跟前，问爷爷，美好人生究竟是什么，您会怎么回答他？

答：我有二十多岁的孙子，他们不会问我什么是美好人生。他们自己清楚什么才是美好人生。他们所处的世界、所接触的人，变得不一样了，不同年代的人对人生应该怎么过也会有不同的要求。

问：您的意思是，不可能去影响今日的年轻人？

答：不。他们从呱呱坠地到十六七岁甚至更早，基本心态还可以形塑。之后，他们有自己的想法，会影响他们的是自己的所见所闻，以及同代人的所作所为。

问：您谈到不相信过世后能见到妻子。即使在沉寂独处的时刻，您也从没如此希望过吗？其实这么希望着，不也是人之常情吗?

答:不。这么想是不符合逻辑的。假设人人死后都有来生,那会是在哪里?

问:也许是一个超自然的地方?

答:所以我们全会是孤魂野鬼?不,我不这么认为。

问:您是否还会时常想起李夫人?

答:她的骨灰装在骨灰坛里,我已经向子女交代好了,把我的骨灰坛与她的安置在一块,在同一个骨灰瓮安置室。纯粹出于情感因素。

问:希望呢?

答:不再希望什么了。她已经不在了,留下的只是那一坛骨灰。我也会走,也只会留下一坛骨灰。出于情感因素,好吧,把两个骨灰坛安放在一块。但死后还能重逢?不可能有那么好的事。不过印度教徒相信转世轮回,不是吗?

问:是的,印度教相信这个。

答：这一世过得好，下一世就会更好。这一世如果干尽坏事，下一世就变成一条狗或什么的。

问：佛教徒也这么相信。

答：不过佛教徒对来世的概念就没说得那么明确。

问：您现在的生活与过去还在内阁时很不一样吗？

答：当然。少了压力。

问：不过您向来都是一个很能应对压力的人。

答：在任的压力在于必须做决定。有时候好几个问题一起来，等着你一一做决定，你就得审慎地作判断。一旦做了决定，就不可能回头了。是不一样的压力。

问：您会想念那种压力吗？

答：不，不会。为什么我还会想念？我已经完成了我该做的事。

问：可是您会不会说您想念出席内阁会议的日子，能有机会与年轻部长交流？

答：不会。我觉得是退下的时候了。89岁了。我所认识的世界，固定在脑海中的几个参照点，心目中所勾勒的新加坡地图，全都不一样了。过去我经常到组屋区访问，对居委会的人我很熟悉，跟他们打成一片。我可以很好地感受基层。现在没有这些了。我得靠报告，这完全是两回事。所以我只得让还在基层走动的人去接手。

问：您在2011年大选结束后不久就宣布退出内阁。您后悔过吗？

答：不。我都已经没精力再跟基层民众接触，又怎么还可能继续参与决策呢？这项工作很耗体力。心智方面我没问题，因为从来没中风过，也没患上失智症。可是体力不行。接受你们访问之前，我吃了一顿简单的午餐，在跑步机上走，然后休息15分钟。过去我不需要这么做。

问：所以您没有任何未了的心愿……

答：没有。我要做的都做到了。总理职务，我交给了吴作栋，从旁协助他。他再交给李显龙。如今是新一代领导层主管，我的贡献不再那么有意义了。唯一例外的是，当他们想要恢复方言的时候。

问：冒昧问一句，您的健康状况还好吗？

答：我不久前刚入院，医生说是短暂性脑缺血发作。现在完全康复，已经回去上班了。你得考虑到我已快90岁了，医生告诉我，到了这个年龄，没有任何健康标准可循的。

问：这个标准就由您来确立吧。所以您对自己现阶段的身体和精神状况还算满意？

答：不，是只好接受身体机能正在不断退化的现实。心智功能还好，没有退化迹象，不像我的好些朋友。就这点我应该感恩了。我想多半跟遗传基因有关。可是身体上的老化，是阻止不了的。

问：您的心智状态，会不会也跟您经常思考有关？让自己的脑筋时时保持活跃，总是对周遭的事物感兴趣。

答：是，当然。我也持续学习新的中文词汇和句子，逼自己去记。就像玩麻将一样。

问：这些年来您的饮食习惯有什么改变吗？

答：现在不再想吃什么就吃什么了，也不会吃得太饱。会试着多吃蔬菜，减少蛋白质。

问：您在庆祝80岁诞辰时接受《海峡时报》访问，曾经提到，您担心人老了，生活的那一扇窗会越来越小，直至完全关上，如同停止存在一样。现在还是这么想吗——设法让您的那扇窗持续敞开？

答：是。要不是这样，我宁可一个人坐着，为什么还要跟你见面说话？

问：您会不会有寂寞的时候？

答：你得区分寂寞和独处。我有个朋友，名叫珀西·柯利达，他是剑桥一位最聪颖的资优生，已经过世了。他的妻子是丹麦人，患有糖尿病，失去了双腿。珀西以前总爱说："我享受一个人独处。"我会说："去找台电脑，上谷歌。你可以找到所有你读过爱过的诗句，文学作品的绚丽章节。只要输入关键字，就全出现了。"结果他照做了。

问：您平日都看些什么报纸或网站？

答：我读《海峡时报》和《联合早报》。以前也读马来报《每日新闻》，现在不读了。我的马来文掌握能力在过去是不错的，但现在没必要了，因为新加坡多数马来人都说英语。我从网络上了解各地新闻，包括本地的、区域的，中国、日本、韩国、美国、印度和欧洲。有时也关注中东局势。拉丁美洲新闻几乎不读，因为跟我们不相干,太远了。

问:具体看哪些网站?

答:谷歌。我预设了不同区域的新闻,会自动搜索显现。

问:最近看了哪些书或电影?

答:我不看电影。

问:书呢?

答:我平时爱看有意思的人物传记。小说对我毫无吸引力,都是虚构的东西,或者是重建人们想象中的美好人生。

问:最近可有读过哪本自己喜欢的好书?

答:一本戴高乐传记。法国战败,他一无是处。他到伦敦去,说:"我是法国。"再到阿尔及尔,对着归顺了维希政权的阿尔方斯·朱安说:"你身为法国远征军总司令,应该为自己感到羞愧。"相当有胆识的一个人。当然,他最终重返巴黎,盟军还为他开道。

问:您最近都在想些什么?哪些事情会让您在夜里睡不着?

20 12年5月，撰写这本书期间，施密特正好来访。施密特曾在1974年至1982年间出任联邦德国总理，比我年长六岁，跟我是好朋友。我妻子柯玉芝与施密特的夫人汉内洛蕾都已过世，两人生前也是朋友。我所认识的施密特一直是个强硬而有智慧的领袖，在复杂的状况下，他都能一眼认清问题所在。这些年来他看事情的眼光和洞察力，一直让我深感佩服。足足三天，我俩促膝而谈，对广泛课题交换了意见。德国《时代周报》的记者纳斯也在场主持，时而提问，激发讨论。我们后来同意把讨论内容摘录整理成此书的一章，分三个小节；第一节谈的是"领导人的启示"，第二节是"欧洲愿景"，以及最后一节"告别"。

* * *

下文对话中，施密特简称"施"，李光耀简称"李"，主持人纳斯简称"纳"。

领导人的启示

施：如果要我们回顾与总结自己的从政生涯，哈里（即李光耀），你会怎么形容？

李：我先是会说，我比其他很多人幸运。命运总在最关键的转角处对着我微笑。我们被逐出马来西亚时，一下子没了腹地，这个地方很可能就这么垮了。但是世界的整合以及全球化过程，让我们有机会找到自己的立足之地。

施：你刚接手时，新加坡有多少人？

李：200万。我们现在有500万人口。

施：如果新加坡的公民面对别人问起："你来自什么地方？"或者"你的国籍是什么？"他会怎么回答？

李：我是新加坡人。

施：是吗？这是从什么时候开始的？

李：我会说二三十年前吧。

十一　老朋友的对话

施：不是打从一开始就如此吗？

李：不是的。 但在这个答案背后，总还会外加括号：我是新加坡的（华人）（印度人）（马来人）等等。 我的意思是，我们不可能抹去括号内的个别种族，这是现实。 异族通婚不是没有，但还属于少数。

施：这一生中有哪些经历最让你难以忘怀？

李：首先是日本占领新加坡，大英帝国衰败。 日本在短短不到三个月就把一个本来应该能长存上千年的古老帝国击垮。 第二段难忘的经历，是在没有腹地的情况下把这个小岛发展成国家。 我们被驱逐出马来西亚，因为影响到他们的种族平衡。

施：他们把你们驱逐，是因为新加坡的华人因素吗？

李：正是如此。 所以我们只能拼死一搏。 是世界的全球化帮了新加坡。 于是我们把全世界当成腹地。

施：我这一生经历过的最重大事件有两段。 一是，我要到1944年末，大概9月底，才恍然觉悟到自己正在为一个犯罪政权服务。 我是1937年应召入伍从军的，用了整整8年时间才明白自己其实正在为一个犯罪政权服务。 那是二战结束半年前。 自那一刻起，我的人生改变了。 我从来就不是一个纳粹分子。 我反对纳粹，但自己什么也没做。 第二个重大事件在1989年发生，天霎时晴空万里，国家统一的契机终于来临。那个时候，我已经离开政坛了。我还在位的时候，算不上有什么其他更重要的大事。

李：这些都是历史上重大的转折点，尤其是东西德统一。因为人们普遍担心德国的势力会在中欧再度崛起。

施：从某个角度来说，这其实正是德国千百年来的危险处境。处在这么一片小小的欧洲大陆的正中央，过于强大会让中央以外的人觉得受威胁，过于软弱又会让中央以外的人虎视眈眈。这种局面酿成千百年来不间断的战争。全球还没有哪个洲像欧洲一样历经那么多战事。

李：这一点还真耐人寻味。因为你们全是基督教徒，但各自的民族抱负是如此大相径庭。

施：我完全同意。你从政生涯中，还有哪些时刻是真正值得你自豪的？

李：我做到让人人感到平等，我并不是把这个地方变成一个华人城市，而是抗拒华文沙文主义者企图把华文发展成主导语言。我说："不行。应该使用英语这么一个人人都能接受的中性语言。"这也有助于我们把人民团结起来。我们并不因为种族、语言或宗教因素而歧视任何人。

施：新加坡一般市民要在国内使用公共交通系统，他会以哪种语言买

十一　老朋友的对话

车票？

李：英语。

施：果真如此？

李：的确如此。 的士司机也说英语。 我们自小在学校里教的第一语文是英文，所以英语是全国通用的。

施：说这是新加坡建国最重要的一点，没错吧？

李：一点都没错。 如果我们选择了另一条路，让各个种族以各自的语言为主要语言，那人民就会四分五裂了。 那就只会酿成永无休止的冲突，国家不可能进步。

施：英国政府知道你有这项了不起的成就吗？

李：不。 但我想新加坡的殖民统治者是英国人，算是幸运的。 越南的殖民统治者是法国，他们现在得很费劲地想淘汰法语改而学习英语，毕竟全世界都说英语。

纳：如今的香港是不是逐渐失去了这个优势？ 我有这个感觉，毕竟英语曾经……

李：的确。 因为香港已经回归中国了，每天有成千上万甚至一二十万人在中国内地与香港之间往来。香港的好些华人在中国内地都有第二个家，因为在那里买房买地便宜很多。所以经过这些年，香港人已经完全被重新吸纳为中国人。

纳：你投身公共服务五六十年，对于当好政治家这回事，或者政治家必须具备的道德标准，可有哪些领会或个人启发？

李：我认为，要成就任何事之前，先得争取人民的信任，证明自己不是随便承诺或者说讨人喜欢的话，而是言出必行。无论成功或失败，说到的事就必须尽力而为。好几次在处理重大事件时，尽管面对反对声浪，我还是信守承诺做到自己该做的事，这也正是我得以成功的原因。一旦建立起信任，接下来的一切就水到渠成了。如果你不过是一个平凡的从政者，草率作出承诺，每隔四五年又换一批新的从政者上台，就像日本那样，年年换首相，你根本没法建立信任，也根本无从领导国家。

纳：但政治领导的核心究竟是什么？领袖必须具备哪些素质？政治领袖与一般从政者如何区分？也许进一步再谈谈，又是哪些条件才能塑造政治家？这是截然不同的两回事。

李：从政者和政治家在程度上是有差别的。一个从政者不过想打响自己的知名度然后步入政坛，会因为掌握权力而有荣耀感。而政治家会有使命感，争取权力来成就某些事。一个政治家不光是争取权力完成某些使命，也有能力选定优秀接班人，让使命延续下去。这就是我的理解。

十一　老朋友的对话

施：新加坡之外，你认为谁是你这个年代里最伟大的领袖？

李：邓小平。

施：我也有同感。可是我也许会先想到丘吉尔。

李：丘吉尔是位伟大的演说家，在英国人民陷入困境、孤立无助的时候鼓舞了人心。他在最著名的一段演说中说："我们将在海滩作战，我们将在敌人的登陆点作战，我们将在田野和街头作战，我们将在山区作战。我们决不投降。"罗斯福问秘书，为什么自己的演说永远无法达到同样的效果。秘书回应说："总统先生，他可是自己卷烟抽的。"丘吉尔的那段讲话激励了人民继续作战，也争取到足够时间争取美国加入这场战事并肩作战。

施：没有丘吉尔，西方不可能赢得第二次世界大战。

李：是的，他敢于逆流而上，任何其他人，像张伯伦一样，会屈从于某种协议。

施：法国当时也没出现哪个伟人。

李：是的。

纳：戴高乐呢？

施：戴高乐是战后才冒出头的。他最伟大的时刻都发生在战后。

李：不能这么说。他在二战期间是个无关紧要的人，但仍然坚持自己代表法国，以法国代表的身份到伦敦表明立场，虽然因为仰赖英美支援而使自己陷入尴尬处境，但他始终坚持以法国人自居，坚持自己象征着法国的灵魂。就这点来说，他也是个伟人。

施：他当然是个伟人，尤其在60年代初期，他向德国人伸出了手。

纳：你们提到邓小平与丘吉尔这两位人物，堪称从正面改造了世界。但是不是也有哪些负面的、邪恶的人物，在上个世纪里对世界所发挥的负面影响盖过了这些正面人物？

李：就欧洲来说，希特勒是制造灾难的根源。如果当初他成功——假设他成功挺进而一举攻陷莫斯科，而不是企图走得更远——英美两国要突破希特勒在法国西边建立的围墙，恐怕就不会那么简单。不过这些都是历史。美国介入，并不是为了民主和人权，而是因为不想看到欧洲受这么一个强大的意识形态所控制，进而对美国构成威胁。是的，丘吉尔和罗斯福是好朋友，不过这跟英美关系是两回事。美国关注的只是要怎么避免欧洲落入希特勒这号人物手中。

施：你刚刚提到邓小平是一位杰出的领袖，这点我完全同意。我觉得同个年代我所认识的人物当中，邓小平算是最伟大的了。

十一　老朋友的对话

李：我曾经在书里写过他。个子不过五英尺高，但却是魄力超凡的领袖。

施：他还烟不离手。

李：是，他是如此。可也没见他患上肺气肿。

施：还有痰盂，可以离他足足有一码，可是他还是照用，而且百发百中。

李：他当年在越南挥军攻打柬埔寨和老挝之前到访新加坡，要拉拢新加坡与它们对抗。他不看稿发言，毕竟想说的一番话，来新加坡之前已先在曼谷和吉隆坡演练过，论述起来有条不紊、明确清晰。然后我向后靠着坐，说："我们是先用晚餐，还是现在就开始讨论？"他说："先用晚餐吧。"我们于是就一起用了晚餐。隔天，我说："你要我们联合起来防范苏联北极熊，可我和周边国家反而希望能团结起来防范中国龙。威胁他们的不是北极熊，而是你们的广播电台、你们为潜伏在泰马边境和其他各地的游击队提供的资助，是这些，才让他们觉得深受威胁。"我以为这番话会激怒他，引来一番驳斥。结果他只顿了一下，然后说："那你想让我怎么做？"我说："停止这一切。"他说："给我一些时间。"不到一年，一切都停止了。他真是个伟大的人物。

施：那是什么时候的事？

李：1978 年 11 月。

施：我在 1983 年跟他有过另一次对话。当时是中华人民共和国的国庆节。我们就只是坐着，就我们两人和一名通译员。我们相识十年了，所以这是一次很坦诚的交流。我半开玩笑地对他说："考虑到实际情况，你们其实不太诚实。你们自称共产党人，但实际上你们更信奉孔子那一套。"他显然有些错愕，愣了几秒；然后这么回答我："那又怎么样？"是，我也同意他是个伟大的人物。

李：不只这样。他愿意面对现实。因为由我这么一个小小岛国的领导人来告诉他，我们——我和周边国家——怕的是你而不是苏联，我原以为他会愤而对着我吆喝。可是他没有，只是顿了顿，然后平静地问我："那你想让我怎么做？"不愧是位伟大的人物。当晚为他设宴，因为知道他爱用痰盂，我特地为他准备了一个。

施：你在他面前放了个痰盂？

李：明代最好的青釉痰盂。但他后来没用上。还有，我对他的随行人员说过我特地安装了一种能抽除烟味的特置空调系统，他是知道这回事的，但他那一晚也没抽烟。

施：出于对你的尊重？

十一　老朋友的对话

李：其实是不需要特别配合我的，因为我都做好了准备。

施：对了，邓小平是怎么摆平当时犹豫不决的中国领导层的？

李：这么说吧，当时好些参与长征的老一代将领愿意保护他。所以毛泽东逝世后，先是华国锋接棒。但华国锋其实没有真正的权力基础。解放军信任和效忠的对象是邓小平。所以华国锋……

施：解放军为什么会在毛泽东离世后转而信任邓小平？

李：因为邓小平参加过长征，解放军认识他，知道他是位伟大的领袖，真诚地为中国献身的人，军队信任他。邓小平一复出，就友善地把华国锋安排在权力核心之外，只让他保留中共中央委员会主席一职。所以我当年到中国访问时，邓小平让我先见华国锋，然后才见他，以符合外交礼仪。

施：邓小平当时除了出任中共中央军委主席之外，就没有其他职衔了？

李：职衔并不重要。他是邓小平。解放军和国务院大部分人都相信他有能力拯救中国。

施：我局外旁观，看着他如何慢慢建立权力基础，最后奠定地位，觉得很有意思。

李：而且他愿意不断学习。

施：他的确不断地在学习，没错。

李：他当年到新加坡访问，看到一个没有天然资源的小岛繁荣兴盛，货源充足，人民口袋里都有钱。他观察着，深入提问，然后自己总结出一个道理：新加坡对外开放吸引外资，外资进而把技术、管理技巧和市场带进来。他回到中国之后，循着新加坡模式辟设了六个经济特区，而后成功并逐步开启了中国改革开放之路。朱镕基接着把中国带进世界贸易组织，打开了全中国面向世界的大门。这拯救了中国。

施：我曾在同一时间尝试游说苏联领导人，尤其是戈尔巴乔夫，促他仿效中国，逐步开放敖德萨、圣彼得堡、加里宁格勒以及立陶宛沿波罗的海一带。但他们始终没能听明白。他们并不是拒绝这么做，而是不明白改革开放的概念。

李：不是因为他们缺乏洞察力。这基本上就是个封闭的社会，对计划经济深信不疑，接受不了新思维。邓小平知道，中国就是因为一味学习苏联模式，所以不成功。而当他看到新加坡，他说："啊！这才是成功的模式。"

施：年轻时留学法国的日子，也可能让他受了点影响。

李：也许吧。他曾在马赛住了一段日子，在法国和比利时工作过，

十一　老朋友的对话

见证过资本主义世界是怎么一回事，对自由市场的可能成果有切身体验，这促使他在思想上逐渐开放。

施：我想邓小平最有代表性的经典语录是："不管黑猫白猫，能抓到老鼠的就是好猫。"一语概括了邓小平。

李：他是位伟大的人物，因为他亲身南下到广东。我曾经对他说："中国绝对有能力超越新加坡。我们是中国南部地区农民和无地劳工的后代，在中国，你有大批士大夫后代、学者、科学家和研究员。"他当时没回应，只是沉吟，然后继续用餐。很多年以后，他南下广东时说："我们要向世界学习，特别是要学习新加坡，然后要比他们做得更好。"原来他没忘记我跟他说过的话。不过我不确定他们能否超越我们，因为他们还缺乏法治和制度。

施：他们正在建立法治。

李：更多是人治吧。领导人说的就是法律。

施：我不确定以人治执法的模式还能维持多久。这是封建制度沿袭下来的模式，但中国在某种程度上已经建立起司法制度。我第一次到中国时，一个律师都没有。他们现在有好几千名律师。他们培训了这些律师。

李：邓小平曾经派了部长来找我，想参考我们的法律。我说："你要这来干吗？"他说他们准备研究，看看可以怎么应用。 我说："要执行这套法律，先得有一组独立的法官，在处理官民纠纷时能做出哪怕是对政府不利的裁决。 那才谈得上真正的法治。"他说："没关系，让我们参考就是。"所以我让他参考整套法律，他们之后也翻译了。 不过我不认为他们能有效执行，因为法官总还是得依领导人的指示行事。

施：法官还是依领导人的指示行事。 但过去，法官大多出自军队，是深知如何做决定的人。 现在这些法官全出自大学，也许会有进展。 无论如何，说回邓小平，我要说的是，在我看来，他是迄今最成功的共产党人。

李：不，邓小平是务实主义者。 黑猫白猫，只要有成效就好。 这是他的至理名言，人生座右铭。

施：他的务实主义，跟你我，以及舒尔茨（美国前国务卿）很相像。

纳：今天回顾，两位都历经超过九十年的漫长人生，而世界早已今非昔比了。 部分改变，是由某些政治决定或政治活动所致。 对比今日世界与九十年前的世界，出现了哪些变革？ 我们如今所处的是不是一个迥然不同的世界？ 这个世界是不是更美好？

李：这就得取决于你所谓的"更美好"指的是什么。 假设你是欧洲人、法国人，我想你多半不会觉得自己活在一个更美好的世界；因为你得看着中国等其他大国崛起，而欧洲因为无法团结而逐渐变得无足轻重，只能任由美国借着G2（中美两国集团）的方式与中国周旋。 不过，如果你所谓的世界"更美好"指的是生活更美好，例如贫困少了，更多人有房子住，有更多工作，有更充足的食物，我会说，的确是。 挨饿的人少了很多，包括印度也如此，这不光是跟印度的进步有关，更是科技发达的成果。 菲律宾展开的稻米研究扩大了稻米种植量，足够应付人们的需求。 所以"世界更美好"需有特定意义才可谈。 对谁来说更美好？ 如果你问的是：对人民更美好吗？ 我会说，广义来说，的确是，挨饿的人少了，失业的人少了。

纳：从更大的格局来说，世界也变得更和平了。

李：是的，那是基于核威慑效应。 核威慑让大国之间不可能发生战争。 哪怕中国再强大，也不会对美国或俄罗斯发动攻势，这就稳定了局势。 法国也具备核攻击力量，也许仍不足够，但象征意义上说还是具备反击的能力。 如果世界更美好，指的是施政治国，那倒未必如此，还是要看是哪些国家。 我会说在世界许多地方，如非洲，也许拉丁美洲，情况其实比过去还糟。 贪污现象是令人咋舌的，就连在印度，人们也攻击曼莫汉·辛格总理允许贪污腐败。 贪污已形成风气。 我在位，权势就意味着我可以制造财富。 而一旦我不在位了，我还有财富，通过财富又可换取权势，而我就趁势掠夺。 就这么说来，中国也有危机，因为贪污腐败问题越来越严重。 最顶层的不至于如此，最顶层高官是终身受国家照顾的，像胡锦涛不必为退休后的生活发愁，因为国家管吃管住。 可是往下看，开发商和地方官员相互勾结，强夺农民土地，卖给开发商兴建，从中捞一笔。中国民间如今对此积怨很深，到头来可能会对中共政权的合法性形成一大挑战。

纳：你几乎把一生都投入在公共服务领域。没有九十年那么长，也有五六十年。如今回首这一生，你认为值得吗？还是一种牺牲？

李：这么说吧，这得看你认为人生的意义何在。我的意思是，如果我个人要的是快乐的人生，我会选择继续当律师或商人，肯定比现在的我更富裕。但一开始这就不是我的奋斗目标。我看到了某个情势，认为是不妥当的，尽力去纠正它。而后看到人们吃得饱住得好，人人拥有自己的房子，子女上学受教育，医疗服务更好，消闲设施更多，人人生活上的各种需求都能满足；这些，让我有深深的满足感。问题是，人们如今把这一切视为理所当然，以为国家体制可以自动操作，继续如此。我可不这么认为。我认为一旦政府由一批不良分子和坏的领导接管，一切都会逐渐倒退。不可能依然还能全速自动操作。

纳：施密特先生，从政60年，回顾你的政治生涯，你认为值得吗？

施：是的，为从政而牺牲致富的机会，绝对是值得的。

李：要当领导，就得接受别人因为你管理得好而致富。我曾经对深圳一位党委书记说过："要当一位成功的领导人，就不能还想到自己。你得制定一套体制，让别人创造财富而致富。而自己始终只能是一位诚实的清官，不那么富有。"我不清楚这番忠告后来他听进去了没有。

* * *

欧洲愿景

施：谈到欧洲，如果整体来看，当今有好几位政治领导人似乎认为大谈愿景、勾勒未来图像，是理智而有效之举；但这些人真的应该意识到，这些愿景是需要三代人才可能实现的。欧洲的那些轰轰烈烈的运动——去年是法国，今年轮到德国——都在追求一些不切实际的愿景。

李：他们都在筑造空中楼阁。

施：没错。可是你为这个国家成就的一切，并不是空中楼阁。

李：是的，但我的优势是这个地方是个移民社会。是后天形成的，没有远古的历史、长期积累的仇恨或敌对关系。我用英语为人们搭建一个共同平台，让大家公平竞争，无论种族、语言和文化，任人唯贤。这才促成了国民团结。

施：没有李光耀，这些可能实现吗？

李：其他人也许同样能办到，但那是先决条件。

施：其他人之中，无论是舒尔茨、基辛格，或者是我，没人的处境跟你一样。

李：但是你们所承继的是具有丰富悠久历史的人民。

施：是啊。但你继承的民族，不也拥有长远的历史吗？

李：可他们拥有的，却分别是中国、印度尼西亚和印度的历史。所以我说："算了吧！"只有向前看，为未来打拼，这个地方才可能成功。如果一味地回头看，不断回顾过去，我们必定失败。这些人从出生地背井离乡到新加坡落地生根，就意味着他们必须在这里有所成就，正是这个原因，促使我的政策成功推行。

纳：你最初是基于什么动力而投身政坛？是殖民统治的经历吗？这是不是促使你从政的最主要原因？

李：这么说吧，英国殖民统治从很多方面来看都是出自善意的。他们教育了我们。我就是受了他们的教育而后到剑桥留学。英国很清楚，权力将来终究是要交出去的，所以想要创造一个社会阶层——精英阶层，将来以友善态度对待他们，而不像从前那样对他们感到怨恨和沮丧，因为他们明白自己再也不能控制这个国家。1947年以后，英国先是失去印度，而后其他殖民地一个接一个地失去：锡兰、缅甸、马来亚，然后是新加坡。我们当时

十一　老朋友的对话

的处境有利：殖民统治者意识到自己的衰败，以得体的姿态结束殖民统治然后退出。我们因此不必展开艰苦的斗争，我们推一推，门就应声而开。

施： 你在那个时候就已经在思考并谈论亚洲价值观吗？还是经过几十年的发展过程，这个说法才逐渐成形？

李： 我想是与生俱来的，是内化的。

施： 我也相信是与生俱来的，而非你之故意。

李： 也许是。所以当我要动员群众时，我会利用这种群众意识、大我精神，提倡以社稷为重，发动群众跟随。我说："这么做，是有利于社会的。"个别人可能得牺牲某些权益，但整个社会获益。我继承的如果是一个僵固的社会，有着长远的历史，人们相互对立仇视，我就不可能做到这些。

施： 你是什么时候开始信奉儒家伦理？

李： 我也这么问过自己，我想儒家伦理是自小在家中学到的价值观。

施： 你在剑桥留学时，也受儒家思想影响吗？

李： 的确是。我会说儒家伦理对我来说已经内化了。有句话说："修身、齐家、治国、平天下。"所以首先要做的是修身养性，努力成为君子。这是基本条件。人人都必须以成为君子为目标。

施：我生来就是个基督教徒，长大后却什么也不信。

李：就这一点，欧洲跟美国不一样，美国人还是相信……

施：真是要命的天真。

李：……相信上帝是造物者，认为达尔文是在胡说八道。我相信经历过两次世界大战，欧洲人思考得更复杂了。他们经历过世代仇恨纷争，什么美好愿景、什么宏图大计，结果却只换来悲剧。团结整个欧洲的理想，拿破仑试过，希特勒也试过。

施：两千年以来，几乎所有欧洲人，从肯特郡到那不勒斯，从伊斯坦布尔到里斯本，都是在基督教教义中长大的。但与此同时又基于实际政策而向彼此发动了一波接一波的战事，完全罔顾基督教教义。欧洲人的所作所为，与他们自小所学习甚至能倒背如流的教义，根本是两个极端。真是一群荒谬的人。

李：那个时代，正是几个强国想要统一欧洲的时候。

施：不，你太客气了，是要征服整个欧洲。

李：不，假设拿破仑赢了，法语就会成为欧洲通用的语言。如果希

十一　老朋友的对话

特勒赢了，德语就会是欧洲通用的语言。这是政治领袖共有的抱负。说得直接一点，是要占领整个欧洲建立统一王国。如果要抹上一层意识形态的光芒，那就是，建立统一的欧洲。

施：早在1200年前查理大帝时代，可能就是统一欧洲的最后一次机会了。

李：是，你说得没错。

施：今时今日的欧洲，比起二十年前还更分裂。

李：我相信欧洲统合过程之所以停滞不前，是因为各国并非全心全意地推动，而这就造成期望的幻灭。第一个面临这种状况的是希腊。你要么就设立统一的欧洲中央银行，正如联邦储备局，再委任一个财长，所有预算案必须经由财长跟央行审核批准。要么就是27国27个财长各自为政，但统一使用欧元是行不通的。如何摆脱统一欧元的僵局，我无从知道，但可以想象必定会引起很大的混乱。

施：我也同意这是不可能的。一下子就达成欧洲全面一体化是不可能的，得循序渐进。有位杰出的学者让·莫内，就曾经提出一代接一代、按部就班进行的想法。这也是卡尔·波普尔理论的核心思想。除了循序渐进，没有其他办法了。但要怎么一步步发展到只有一位财长的境界？

李：行不通的。各国的分歧是根深蒂固的，有各自的历史，对自己的文学、语言和文化引以为豪。假设欧洲各国都说，好吧，我们暂且忘了卢梭，暂且搁置种种自由社会的伟大思想，我们决定要成为统一的欧洲民族。他们首先需要一个共同语言。英语是个再务实不过的选择，人人都得以英文为第二语文。所以，一个法国人、一个德国人和一个捷克人碰头，尽管各自保留了法语、德语、捷克语，却是以英语交谈。但英语会逐渐成为联系人们的语言，这是法国人不可能同意的。你看，大家都认为各自的文学是神圣不可侵犯的，谁也不愿意放弃。可是当美国人来到一片新大陆时，他们创造了新的文学，产生了很多用英文创作的作家和学者。所以，欧洲始终受困于自己的过去和历史。

施：欧洲确实是受历史包袱所累，但我并不像你那么悲观。我曾经深信，欧洲各国必须团结起来成为一体，我在历经一场大战洗礼后对这个信念坚信不疑。但最终发现这是个不切实际的愿景。可是当年我不过是个26岁的小伙子。尔后，我第一次遇见让·莫内，他的理论思想深具说服力，说明可以怎么循序渐进地达成一体化目标。一步到位是不可能的，但我相信循序渐进的模式真的可行。再然后，是1989年至1990年发生了一连串重大改革，我们被一场突如其来的弹幕笼罩，突然之间，任何人都可以加入欧盟成为成员国。

李：那是个错误。

施：的确。

十一　老朋友的对话

李：其实，欧洲是有个核心结构的。

施：是。那真是个错误。可是我们不能对其他国家说："你现在可以自由选择了，这样很好，可是我们不要你加入。"

李：也许你们应该说："等一等。先成为准成员，待我们稍后决定。核心成员国必须先凝聚起来。"

施：是的。当初让·莫内率先提出欧洲统合为一体时，只涵盖了六国：法国、意大利、德国、比利时、荷兰，以及小小的卢森堡。

李：这就好处理得多了。

施：起初的确是可行的，虽然中间也难免困难重重。例如，60年代中期，戴高乐有一阵子禁止法国部长出席理事会会议，展开所谓的"缺席政策"。不过，这些困难我们都一一克服了，持续维持统合。六个国家，从1952年到70年代初期，维持了超过20年。中间英国尝试申请加入，戴高乐拒绝，这无伤大雅。但是，到了70年代，我们允许三国加入：英国、爱尔兰、丹麦，当时并不知道的是，英国原来只想分一杯羹，却不想一起把饼做大。接着10年，迎来了葡萄牙、西班牙和希腊。当时这三国刚以各自的方式推翻了法西斯独裁统治，因此欧洲共同体欢迎它们加入，作为奖励。所以，马斯特里赫特会议召开之时，那是90年代初，欧洲共同体成员国共有12个，还是易于管理的。过程中不是没有失误，但都是可以解决的。但是在马斯特里赫特大会上他们犯了个错误，就是允许任何国家加入欧盟。接着10年，成员国从原来的12个激增到27个，翻了超过一倍，如此一来，欧盟变得完全没法有效管理了。有些人还认定这是好事，因为资金源源不绝，人人有份；其他人则在想："如今我们总算也能第一次发挥一些影响力了。"一些法国人是这么想的，一些德国人也一样。人们还认定欧洲联盟在经历了六十年的发展后，在21世纪不至于失败。但我并不这么肯定。

李：规模太大了。而且性质各异。

施：是的。

李：各国都不一样。经济发展阶段不一致，对未来的期望也各有不同。许多国家选择加入，是因为想从联盟中获益。

纳：我想提出一点来激发讨论：是不是可以说，今日的欧盟，尽管有再多困难和缺点，仍算得上是历史的一大奇迹和一大成就，在某种程度上为世界其他区域带来了启示？

李：不，我不认为欧盟足以为世界带来启示。在我看来，这更像是一个缺乏周详考虑的企业集团，过于急速扩张而很可能以失败告终。

纳：所以，欧洲整合并没有为亚洲带来任何启发？

十一　老朋友的对话

李：肯定不会。 我们不可能以同样方式进行整合。 亚洲各国并不是都信奉基督教，各国说不同语言，有各自的历史。 我们能做的是提高大家对共同利益的意识，辟设自由贸易区，然后以这为起点再慢慢发展。 亚洲的问题是，中国是主导本区域的大国。 要谈亚洲整合，把中国也纳入，就等于是让中国来整合亚洲其他国家。 这个局势是不可能改变的。

纳：所以你们从自由贸易着手？

李：自由贸易，还有患难与共的意识。 我们不相互作战，愿意化解分歧，其实现在已经是如此。 我们也经常会面，进行讨论而非相互威胁。

纳：我也有个问题想请教施密特先生。 欧盟，或欧洲共同体的历史，可以说是充满失败、挫折、危机……

施：当然还有成功。

纳：是的。 到头来，各国也一起尝试克服危机，并将危机转化为成功的契机。 人们现在说，这些危机也许可以为政治统合带来新契机。 这将会是一大跃进。 现实中有这个可能吗？

施：有这个可能。 理论上看，你也许说得对。 但实际上来说，你需要领袖，像李光耀这样的领导人。

纳：好些人看好（德国总理）默克尔。

施：不。

纳：德国这个国家如何？波兰总理（图斯克）说欧洲得由德国来领导。你认为是好意见吗？

李：德国背负着两次世界大战遗留的包袱，愧疚感未除，不想被视为过于独断激进。但德国确实是目前唯一有能力把欧洲核心建立起来的国家。但我不明白为什么欧洲人至今仍然相信法国还能与德国并驾齐驱，因为欧洲以外早已没人会这么想。（法国前总统）萨科齐可以媲美默克尔，甚至在言谈上略胜一筹，但萨科齐的法国在国力上远远不及德国。世界确实是这么看的。

施：这是近几年才形成的印象，其实始于90年代，2000年以后逐渐巩固。90年代东西德统一，让人们大感意外。没人预见得到这个结果，唯一例外的是（英国前首相）撒切尔夫人。（法国前总统）密特朗和时任意大利总理的安德烈奥蒂，大概也有所猜测。这几位领袖都是深谙历史的人，他们预见到德国统一会带来一定的危险，对此提出反对。后来是基于与戈尔巴乔夫达成的协议和经美国说服才接受。

李：不，德国统一终究是要发生的。从苏联失去控制权那一刻起，东德就无路可退了，唯有和西德统一。东德人看到两地的生活水准有着多么大的落差。他们收看得到西德的电视节目，却让

十一　老朋友的对话

一堵围墙隔了开来，没法由东边走向西边，像囚犯似的被囚禁。所以你怎么拦得了这些人？ 他们渴望统一。 西德人怎么能说"不，我不要你们"？

施：西德人永远不会说"我们不要你们"。 我们也要他们，但即便如此，我们当时可丝毫没预想过德国会成为一个拥有 8000 万人口的国家。

李：可是为了支持他们，你们付出了很大的代价。

施：是的，我们的确付出了代价，而且还不怎么成功。 德国东部在基础建设上的重建比德国西部好得多。 但基础建设并未同时带动经济活动。 所有经济活动仍是集中在西部，不在东部。 东部的所有大企业都没能重振，共产党让这些企业走下坡路。 我记得在马灿有座生产机械的工厂，就位于柏林郊区。 1990 年或 1991 年，我们设法重建，为这座厂盖新大楼，添置重型吊车和其他生产机械所需的一切配备。 当时员工约有 2000 人。 如今，只剩下 170 名员工。 他们生产的机械产品不是太贵就是品质不够好，实际上是又贵又不够好。 而这个现象其实代表了民主德国旧体制下整个工业界的状况。 我们采用了一个完全错误的汇率来统一国家，汇率理应是三兑一。

李：而你们定为一兑一。

施：我们犯了大错。 他们所有的产品全卖不出去，因为品质不够好。 我当初曾极力抨击过这个决定，但另一方面，我也相信再过几代人情况就会好转。 但显然并非如此。 二十年后就更没机会了。 如今，东部的失业率比西部高出几乎一倍。

李：那是因为他们信奉中央计划经济理论，抗拒自由企业作业模式，抗拒竞争造成优质企业出头，劣质企业被牺牲。 这并不是他们的企业文化。 四五十年历史的民主德国灌输给人们的观念是：成功不是争取来的，而是注定的。

* * *

告　别

施：对了，昨天我刚对一些朋友说，有一次我俩一起出席会议，之后你给我写了封信，信末的最后一句话是："你还是和过去一样敏锐。"事实是，你才是和过去一样敏锐。

李：不，我的精力差了很多，不再有精力持续写好几个小时。

施：嗯。

李：这需要专注力，也需要体力。

施：是的。 但换个角度说，这也有助于延长寿命。

十一　老朋友的对话

李：这很难说。

施：可我相信这是真的。 我真的这么相信。

李：不至于，只会让脑筋活跃而已。

施：是，会让脑筋继续活跃，抽烟也有帮助。 这些事让我的脑筋不至于停滞下来。 可是身体还是不断退化。

李：这是无从打破的自然法则，人人都得遵守。

施：是啊。

李：基因预设了我们的生命只能持续这么长时间。 过了某个期限，细胞就不再如常地重生。

施：这是我最后一次到世界的这一边来了。 我再也不能如此长途跋涉了。

李：请好好生活着，但愿你安康，生活充实美满。

施：哈里，希望你一切都好。 祝福你。

李：也祝福你。 很高兴也很荣幸能认识你这个朋友。